고요히 앉아 있을 수만 있다면

고요히 앉아 있을 수만 있다면

틱낫한 지음 　김윤종 옮김

No Mud, No Lotus

Thich Nhat Hanh

불광출판사

"누구나 고통을 두려워한다.
하지만 고통은 행복이라는 연꽃의 성장을 돕는 일종의 진흙이다.
진흙 없이는 어떤 연꽃도 피어나지 못한다."

−틱낫한

차례

행복을 위한 실천

1

고통을
다루는 방법

우리 모두는 행복해지길 바랍니다. 또한 세상의 수많은 책과 스승들은 사람들이 보다 행복해지는 데 도움을 주려 애쓰고 있지요. 하지만 그럼에도 우리는 여전히 고통을 겪습니다.

이내, 생각합니다. "뭔가 잘못하고 있는 것 같아." 왠지 우리는 "행복해지는 것에 실패"하는 듯합니다. 하지만 이는 진실이 아닙니다. 행복을 즐기는 데 있어 고통이 제로가 되어야 할 필요는 없습니다. 실은, 행복의 기술이란 고통을 잘 겪어 내는 기술이기도 하지요. 고통을 이해하고, 수용하고, 잘 알게 되면, 그것은 훨씬 덜 고통스럽습니다. 뿐만 아니라, 더 나아가 자신의 고통을 이해, 자비, 그리고 기쁨으로 변용시킬 수 있게 됩니다. 스스로를 위해, 그리고 타인을 위해 말이지요.

고통이 전무하고 오직 행복만 있는 그런 곳은 없습니다. 이런 사실은 우리가 가장 받아들이기 힘들어하는 부분이기도 합니다. 하지만 실망할 필요는 없습니다. 고통은 변용이 가능하니까요. 입을 열어 "고통"이라 말하는 순간, 고통의 반대편이 동시에 이미 거기 있음을 우리는 알고 있습니다. 고통이 있는 바로 그곳이, 행복이 있는 자리입니다.

「창세기」에서 하나님께서는 "빛이 있으라." 말씀하십니다. 저는 이 대목에서 빛이 말대꾸하는 상상을 합니다. "신이시여, 저는 쌍둥이 동생과 함께이어야만 합니다. 그의 이름은 어둠이지요. 어둠이 없다면 저는 존재할 수 없습니다." 하나님께서 묻습니다. "무엇을 꾸물거리느냐? 어둠은 이미 거기 있지 않느냐." 빛이 대답합니다. "만일 그렇다면, 저도 이미 거기 있습니다."

오직 행복을 좇는 것에만 초점을 맞추면, 고통은 무시되거나 저항해야 하는 어떤 것으로 간주되곤 합니다. 행복으로 향하는 길목에서 어쩔 수 없이 마주쳐야 하는 그 어떤 것으로 생각하지요. 하지만 행복의 기술이란 동시에 고통을 잘 경험하는 기술이기도 합니다. 만약 고통을 어떻게 이용하는지 안다면, 우리는 그것을 변용시킬 수 있고 그만큼 훨씬 덜 고통스럽겠지요. 고통을 어떻게 하면 잘 경험하는지 아는 것은 진정한 행복을 깨닫는 데 필수적입니다.

고통과 행복은
분리된 것이 아니다

고통을 당할 때면 생각합니다. 그 순간 고통이 거기 존재하는 모든 것이고, 행복은 그저 다른 어딘가, 다른 어느 때인가에 속하는 것이라고 말이지요. 사람들은 종종 묻습니다. "내가 왜 이런 고통을 당해야만 하는 거지?" 그 어떤 고통도 없는 삶을 가져야 마땅하다는 생각은 마치 오른쪽 없이 왼쪽만 존재한다고 여기는 것과 같은 착각입니다. 반대로 삶에 그 어떤 행복도 없이 고통만이 가득하다는 생각 또한 착각이지요. 왼쪽이 이렇게 말한다고 생각해 보세요. "오른쪽, 저리 꺼져 버려. 난 널 원하지 않아. 세상엔 오직 왼쪽만 존재해야 해." – 터무니없는 이야기입니다. 정말 그렇게 된다면 왼쪽이라는 개념 또한 없어져야 할 테니까요. 오른쪽이 없다면, 왼쪽도 없습니다. 고통이 없다면, 행복 또한 존재할 수 없으며, 그 반대도 마찬가지입니다.

우리가 행복한 상태와 고통스러운 상황 양측 모두를 잘 파악하고 거기 지혜롭게 관계 맺는 방법을 배울 수만 있다면, 삶은 더욱 즐거운 방향으로 나아갈 수 있습니다. 매일같이 조금씩이라도 그 방향으로 가다 보면, 행복과 고통은 둘이 아니라는 진실을 어느 순간 깨닫게 됩니다.

충분히 따뜻한 옷을 걸치고 있지 않다면 찬 공기는 아픔으로 느껴질 수 있습니다. 하지만 적절한 옷을 입고 산책을 하거나 과열된 상태라면, 똑같은 찬 공기가 감싸는 그 느낌이 생생하고 즐거운 감각의 원천이 되기도 합니다. 고통은 외부적인 것이 아닙니다. 객관적이고 절대적인 억압과 아픔의 원천이란 없습니다. 가령 시끄러운 음악이나 환한 빛 같은 것들이 당신을 고통스럽게 할 수 있겠지만, 그것이 다른 이들에게는 기쁨을 주기도 하지요. 당신에게는 기쁨의 대상인 어떤 것이 다른 이들에게 불편함을 주기도 합니다. 당신에게 피크닉 계획을 망쳐 버린 비 내리는 어떤 날이 가뭄에 시달리는 농부에게는 애타게 바라던 하루입니다.

행복은 오늘, 바로 지금 가능합니다. — 단, 그것은 고통과 분리될 수 없습니다. 어떤 이들은 행복해지려면 그 외 모든 고통을 피해야만 한다고 생각합니다. 그 결과 끊임없이 경계하고, 끊임없이 걱정합니다. 종국에는 모든 자유로움, 자연스러움, 그리고 기쁨을 희생하면서 끝을 맺지요. 이는 바람직하지 않습니다. 아픔을 인식하고 그로부터 도망치는 대신 받아들일 수 있다면, 결국 알게 됩니다. 비록 아픔이 있지만, 기쁨 또한 동시에 거기 있음을.

어떤 이들은 고통이 신기루와 다름없다고 말합니다. 또한 지혜로운 삶을 위해서는 고통과 기쁨 양쪽을 모두 '초월'해야 한다고도 말하지요. 저는 이와는 정반대로 말합니다. 고통을 잘 겪어 내고 행복하기 위한 길은 지금 이 순간 실제로 어떤 일이 벌어지고 있는지 감지하고 그것과 긴밀히 교감하는 것에 달려 있습니다. 그렇게 함으로써, 당신은 해방적 통찰을 얻게 됩니다. 이는 고통과, **아울러** 기쁨의 진정한 본질에 대한 통찰입니다.

●

진흙이 없다면
연꽃도 없다

고통과 행복 모두 본질적으로 유기물적인 성질을 갖습니다. 양쪽 모두 무상합니다. 언제나 변한다는 뜻입니다. 여기 아름다운 꽃이 한 송이 있습니다. 하지만 시들어 버리면, 그것은 비료가 됩니다. 그리고 그 비료는 다시 다른 꽃의 양분이 되지요. 행복 또한 이와 같이 유기물적이고 본질적으로 유한합니다. 그것은 고통이 되었다가 다시금 행복이 될 수 있습니다.

한 송이 꽃을 깊이 바라보면, 그것이 꽃이 아닌 어떤 요소들로 만들어져 있음을 보게 됩니다. 거기 구름이 한 조각 들어 있군요. 물론 구름은 꽃이 아니라는 점을 알고 있겠지만, 구름 없이는 그 어떤 꽃도 자랄 수 없습니다. 한 송이 꽃 안에 구름이 둥실거리는 것을 억지로 상상할 필요도 없습니다. 구름은 정말로 그 안에 있지요. 햇살도 거기 있습니다. 햇살은 꽃이 아니지만, 그것 없이 꽃이 존재할 수 없습니다.

계속해서 꽃을 깊이 들여다본다면, 많은 다른 것들도 발견됩니다. 가령 토양과 광물질도 있겠지요. 그것들 없이 꽃은 존재할 수 없습니다. 이렇게 꽃은 꽃이 아닌 여러 요소로 이루어진다는 말이 사실이 됩니다. 한 송이 꽃은 그 스스로 홀로 이루어질 수 없습니다. 꽃은 다른 모든 것들과 함께 상호의존적 존재(inter-be)입니다. 햇살, 토양, 그리고 구름. 그 어떤 것도 꽃에서 떼어 낼 수 없습니다.

전 세계에 걸쳐 있는 모든 플럼 빌리지 수행센터에는 연꽃이 피는 연못이 있습니다. 연꽃이 자라려면 반드시 진흙이 필요하다는 점은 모두가 알고 있지요. 진흙탕 물에서 그리 좋은 냄새가 나지는 않지만, 연꽃은 그 향기가 매우 좋습니다. 진흙이 없다면, 연꽃은 피지 않습니다. 대리석 위에서 연꽃을 기를 수는 없지요. 진흙 없이 연꽃도 없어요.

살면서 인생의 '진흙' 속에 처박히는 경우는 물론 얼마든지 있을 수 있습니다. 때때로 주위에서 진흙탕을 발견하는 것이 그리 어렵지는 않지요. 수행하면서 가장 어려운 점은 절망에 스스로 압도되도록 허락하지 않는 것입니다. 사방 어느 곳을 바라보아도 온통 고통뿐일

때일지라도 말입니다. 이럴 때는 마치 최악의 일들이 자신에게 일어나고 있는 듯 느껴집니다. 하지만 기억해야만 합니다. 고통이란 일종의 진흙과 같아서 기쁨과 행복을 만들어 내기 위해서는 반드시 필요함을 말이지요. 고통이 없다면, 행복도 없습니다. 이렇듯 우리는 진흙을 멸시해서는 안 됩니다. 자신의 고통, 나아가 세상의 고통을 부드럽게 감싸 안고 달래는 법을 배워야만 합니다.

전쟁 중 베트남에서 살 적에, 사람들의 삶에 펼쳐지는 어둡고 무거운 진흙탕을 목도하는 일은 힘들었습니다. 파괴가 끝없이 계속되어 마치 영원할 것처럼 보였지요. 사람들은 전쟁이 곧 끝날 거라 생각하는지 날마다 저에게 묻곤 했습니다. 이에 대해 답하기란 정말이지 너무도 힘들었지요. 저 또한 끝이 보이지 않았기 때문입니다. 하지만 제가 "저도 모르겠습니다."라고 말한다면, 그것은 절망의 씨앗에 물을 주는 격임을 알고 있었습니다. 하여 사람들이 그 질문을 할 때면, 이렇게 답했습니다. "모든 것은 유한합니다. 전쟁도 예외는 아니지요. 언젠가 끝날 것입니다." 이를 알기에 우리는 평화를 위한 작업을 계속할 수 있었습니다. 그리고 정말로 전쟁은 끝이 났습니다. 과거 숙적이었던 상대들은 이제 무역과 관광을 위해 분주히 오갑니다. 전 세계에서 마음챙김과 평화에 대한 우리의 전통 가르침을 수행하며 즐거워합니다.

진흙을 어떻게 잘 쓸 수 있는지 안다면, 아름다운 연꽃을 기를 수 있습니다. 고통을 어떻게 잘 쓸 수 있는지 안다면, 행복을 만들어 낼 수 있지요. 행복을 가능케 하려면 어느 정도의 고통이 진정 필요합니다. 또한 우리 대부분은 내면에, 그리고 주위에 행복을 가능케 하기에 충분한 고통을 갖고 있습니다. 더 이상 고통을 만들어 낼 필요는 없지요.

●

붓다께서도
고통을 겪었을까

어린 승려 시절에, 저는 붓다께서 깨달음을 성취하신 후 어떤 고통도 겪지 않았을 거라 믿었습니다. "계속 고통을 겪어야 한다면 붓다가 되는 게 무슨 소용이람?" 순진하게 스스로 되묻곤 했지요. 붓다께서도 고통을 겪었다는 것은 분명합니다. 우리 모두와 동일하게 육체가 있고, 느낌과 인지가 있었을 테니까요. 아마도 때로는 두통이 있었을 겁니다. 어쩌면 류마티스 관절염으로 고통을 받았을지도 모르지요. 어쩌다 제대로 조리되지 않은 음식을 드셨다면, 복통으로 고생을 하셨을지도 모릅니다. 이렇듯 당신께서는 육체적 고통을 겪으셨을 테고, 또한 감정적인 고통 또한 느끼셨을 겁니다. 사랑하는 제자 중 한 명이 죽었을 때, 분명 당신께서는 고통스러웠을 터입니다. 친애하던 친구가 방금 죽었는데 어떻게 고통받지 않을 수 있겠습니까? 붓다는 돌덩이가 아닙니다. 그분도 사람이었습니다. 하지만 그에게는 많은 통찰과 지혜, 그리고 연민이 있었기에 고통을 겪어 내는 방법을 알고 있었고, 따라서 그 고통은 훨씬 덜했을 것입니다.

●

네 가지
고귀한 진리

붓다께서 깨달음 후 가장 먼저 행한 가르침은 바로 고통에 관한 것이었습니다. 이를 네 가지 고귀한 진리라고 부릅니다. 붓다의 네 가지 고귀한 진리는 다음과 같습니다. 고통이 존재한다. 고통을 만들어 내는 일련의 작용이 존재한다. 고통이 멈춘다(즉, 행복이 있다). 마지막으로, 고통의 종말(행복의 시작)로 인도하는 일련의 작용이 존재한다.

　고통이 고귀한 진리라고 들었을 때, 당신은 이렇게 생각했을지도 모릅니다. 고통에 무슨 고귀한 점이 있단 말이람? 고통을 올바르게 인식할 수 있다면, 그리고 그것을 수용하고 그 뿌리를 깊이 바라볼 수 있다면, 그것에 끝없이 되먹임하는 습관을 흘려보낼 수 있습니다. 동시에 행복으로 향하는 길을 찾을 수 있지요. 바로 이것이 붓다께서 말씀하시는 바입니다. 고통에도 이로운 점이 존재합니다. 그것은 뛰어난 스승이 될 수 있습니다.

●

고통은 무엇으로
이루어져 있는가

통증, 질환, 배고픔, 그리고 물리적 손상은 육체의 고통입니다. 이들 고통 중 일부는 그야말로 피할 수 없는 것이지요. 그다음 마음의 고통이 있습니다. 여기에는 불안, 질투, 절망, 두려움, 그리고 분노가 포함됩니다. 우리에게는 씨앗이 내재되어 있습니다. 잠재력이 있다는 말입니다. 이해, 사랑, 자비, 그리고 통찰의 잠재력도 있지만, 분노, 증오, 탐욕의 씨앗도 함께 존재합니다. 비록 삶에서 그 모든 고통을 전부 피할 수는 없지만, 적어도 훨씬 덜 고통스럽게 지낼 수 있습니다. 우리 안에 있는 고통의 씨앗에 물을 주지 않음으로써 말이지요.

지금 자신의 육체와 전쟁 중인가요? 자신의 육체를 무시하거나 벌주고 있지는 않나요? 자신의 육체를 진실로 잘 알고 지내왔나요?

자신의 육체를 생각할 때 내 집처럼 편안한가요? 고통은 육체적일 수도 정신적일 수도 또는 둘 다 일 수도 있지만, 모든 종류의 고통은 몸 어딘가에 영향을 미쳐 긴장과 스트레스를 만듭니다. 때로 우리는 몸의 긴장을 풀라는 얘기를 듣곤 합니다. 많은 이들이 이를 위해 안간힘을 씁니다! 몸의 긴장을 풀기 원하지만, 그렇게 하지 못하지요. 몸의 긴장을 풀려는 그 시도는 우선 그것이 거기 존재한다는 자각을 하지 못한다면 효과가 없습니다.

손가락에 상처가 났다면, 그냥 깨끗이 씻고 기다리면 됩니다. 당신의 몸은 어떻게 하면 상처가 치유되는지 잘 알고 있지요. 인간을 제외한 숲에 사는 동물은 다쳤을 때 무엇을 해야 하는지 압니다. 먹이나 짝을 찾아 돌아다니는 것을 멈추지요. 동물은 알고 있습니다. 수많은 세대를 거치며 전달된 선대의 지식을 통해 돌아다니는 짓을 하면 좋지 않다는 것을 말입니다. 그렇기 때문에 조용한 장소를 찾아 아무것도 하지 않고 그냥 거기 누워만 있습니다. 동물들은 멈춤이 가장 좋은 치유법이라는 사실을 본능적으로 압니다. 그들에게는 의사도, 약사도, 약국도 필요 없습니다.

우리 인간도 이런 종류의 지혜를 사용해 왔습니다. 하지만 이제 그것과의 교감을 잃어버렸지요. 이제는 어떻게 쉬는지 더 이상 알지 못합니다. 육체를 쉬게끔, 긴장을 이완하게끔, 그리하여 치유가 일어나게끔 허용하지 않습니다. 이제 통증과 질병을 해결하는 데 거의 대부분 약물에 의존하고 있지요. 그럼에도 불구하고 우리는 고통을 완화하고 변용시키는 가장 효과적인 방법들을 이미 갖고 있습니다. 거기엔 처방전도 필요 없고, 금전적인 비용도 발생하지 않지요. 지금 당신이 쓰고 있는 모든 약물을 모두 갖다 버려야 한다는 말씀을 드리는 것이 아닙니다. 우리 중 누군가는 특정 약물이 정말로 필요합니다. 하지만 그런 경우에도 몸과 마음을 진실로 쉽게 만드는 방법을 안다면, 때로 좀 더 적은 양을 쓰고도 훨씬 큰 효과를 볼 수 있습니다.

●

치유 의학

현대 문명의 문제점 중에 하나는 내면의 고통을 어떻게 다루어야 할지 알지 못한 채 온갖 종류의 소비로 그것을 덮어 버리려고만 한다는 것입니다. 내면의 고통을 덮어 버리는 데 도움이 되는 오래되거나 혹은 새로운 도구들이 넘치도록 팔려 나갑니다. 하지만 자신의 고통을 마주할 수 없다면, 우리는 결코 현존할 수 없고 삶을 온전히 살아갈 수 없습니다. 결국 행복은 계속 손아귀에서 빠져나갈 뿐이지요.

많은 이들이 엄청난 고통에 짓눌리건만, 그것을 어찌 다루어야 할지 알지 못합니다. 매우 어린 시절부터 그 상황이 시작되는 사람들도 많지요. 그런데 왜 학교에서는 젊은이들에게 고통을 다루는 법을 가르치지 않는 걸까요? 어떤 학생이 매우 불행하다면, 그는 집중할 수도, 배울 수도 없을 터인데요. 각자의 고통은 타인들에게 영향을 미칩니다. 고통을 잘 겪어 내는 법을 배우면 배울수록, 세상에는 그만큼 고통이 적어집니다.

압도됨 없이 고통과 함께 머물 수 있는 데는 마음챙김만한 것이 없습니다. 마음챙김이란 현존하며 머무를 수 있는 능력이며, 지금 이 순간 어떤 일이 일어나고 있는지 알게 해 줍니다. 가령, 두 팔을 들고 있을 때, 자신이 두 팔을 들고 있다는 사실을 의식합니다. 마음은 들고 있는 자신의 팔과 함께하며, 과거나 미래에 가 있지 않습니다. 팔을 들고 있는 상태가 바로 지금 일어나는 일이기 때문입니다.

마음챙김은 깨어 있다는 뜻입니다. 바로 이 순간 일어나는 일을 아는 힘이지요. 팔을 들어올리고 지금 팔을 들고 있음을 아는 것 – 그게 마음챙김입니다. 자신의 행위에 대한 마음챙김이지요. 숨을 들이마실 때 숨을 들이마심을 아는 것, 그것이 마음챙김입니다. 발걸음을 옮길 때 그것이 일어남을 알면, 그게 바로 마음을 챙기면서 걷는 것이지요. 이렇듯 마음챙김이란 언제나 **무엇인가에** 대한 마음챙김입니다. 자신의 몸에서, 느낌 속에서, 감각 속에서, 그리고 주위에서 지금 이 순간 무슨 일이 일어나는지 알아차리게 하는 힘. 그것이 마음 챙김입니다.

마음챙김의 힘으로, 자신과 세상 속 고통의 존재를 자각할 수 있습니다. 이제 그 고통을 부드럽게 감싸 안고자 할 때, 역시 똑같은 힘이 사용됩니다. 숨을 들이마시고 내쉼을 자각함으로써 마음챙김의 힘이 생성되고, 그것으로 당신은 고통 달래주기를 계속할 수 있게 됩니다. 고통을 자각하고, 감싸 안고, 변용시킬 때 마음챙김 수행자들은 서로를 돕고 지지해 줄 수 있습니다. 마음챙김이 있으면 더 이상 아픔이 두렵지 않게 되지요. 거기서 한발 더 나아가 고통을 잘 사용해 치유를 위한 이해와 자비의 에너지를 만들어 낼 수 있습니다. 그럼 그것으로 다른 이들을 도와 함께 치유하고 행복해질 수 있게 되지요.

●

마음챙김 만들기

마음챙김이라는 알약을 제조하는 방법은 다음과 같습니다. 우선 멈추어서 의식적인 숨을 쉽니다. 들숨과 날숨에 온전히 주의를 기울입니다. 멈추어서 이런 식의 호흡을 할 때, 우리는 몸과 마음을 하나로 합치고 온전한 자기 자신으로 돌아옵니다. 이제 자신의 몸이 뭔가 더 채워진 느낌이 듭니다. 몸과 마음이 함께 할 때만이, 우리는 비로소 진정으로 살아 있다고 할 수 있습니다. 여기 굉장한 소식이 있습니다. 바로 단 한 번의 호흡만으로도 몸과 마음이 하나가 됨을 알아차릴 수 있다는 사실입니다. 어쩌면 우리는 한동안 자신의 몸에 충분히 친절하지 않았을는지도 모릅니다. 몸에서 긴장, 통증, 스트레스가 알아차려질 때, 마음챙김의 온전한 자각 속에 그것을 푹 담글 수 있습니다. 그렇게 치유가 시작됩니다.

내면의 고통을 돌보다 보면, 더 많은 명료함, 에너지, 힘이 생깁니다. 그것을 통해 우리는 사랑하는 이가 폭력, 빈곤, 불공정으로 받는 고통은 물론, 자신의 공동체, 나아가 세상의 고통까지도 해결할 수 있습니다. 그러나 만일 내면의 두려움과 절망에 사로잡힌다면, 다른 이들의 고통을 없애는 데 도움을 줄 수 없게 됩니다. 고통을 잘 겪어 내는 기술이 있습니다. 자신의 고통을 돌보는 법을 안다면, 그 고통이 훨씬 줄어들 뿐만 아니라, 주위에 그리고 세상에 더 많은 행복을 창조할 수 있습니다.

2

고통을
알아차리고
안아 주기

고통을 변용시키는 기술의 첫 번째 단계는 자신의 고통으로 되돌아와 그것을 직시하는 것입니다. 대부분의 사람들은 밤낮으로 끝없이 머릿속에서 대화를 진행합니다. 과거를 되새김질하고, 미래를 걱정하는 것이지요. 우리가 호흡을 멈추는 일은 없듯이, 고통스러운 상황이 올 때 그것을 눈치채지 못하는 경우는 없습니다. ― 그것은 갑작스럽게, 마른 하늘에 날벼락처럼 찾아와 우리를 압도하곤 하지요. 순간 생각, 인지, 근심은 내면 어디에서도 찾아볼 수 없게 되고, 오직 지금 이 순간, 그리고 다음 순간 일어나는 일에 강하게 집중할 수밖에 없지요.

붓다께서는 음식 없이 살 수 있는 것은 없다고 하셨습니다. 이는 비단 살아 있는 존재의 육체적 존속뿐 아니라, 마음의 상태에 대해서도 진실입니다. 사랑은 늘 함양되어야 지속될 수 있습니다. 고통 또한 그것을 붙잡고 계속 먹이를 줄 때 지속됩니다. 고통, 후회, 슬픔을 되새김질하는 것이지요. 그것을 씹고 삼키고, 다시 되돌려 씹어 삼키기를 끝없이 반복합니다. 길을 가며, 일하는 도중, 밥을 먹으며, 말하며 자신의 고통에 먹이를 주고 있다면, 그것은 스스로를 과거와 미래의 망령에 희생양으로 던져 주는 격입니다. 그렇게 되면 그건 제대로 된 삶이라 볼 수 없지요.

자신의 고통을 피하거나 무시하기 위해 소비에 의존한다면, 결국 고통을 악화시킬 뿐입니다. 우리는 텔레비전을 시청합니다. 전화로, 문자로 수다를 떨지요. 인터넷 서핑을 합니다. 끊임없이 냉장고 앞에 서 있는 자신을 발견하기도 하지요.

마음속 아픔과 스스로를 단절시키면, 고통이 보관되어 있는 자신의 몸도 함께 내팽개치는 셈입니다. 외롭고 실망스러울 때면, 우리는 그것들을 가릴 만한 무엇인가를 찾아 헤매고, 마치 그것이 거기 없는 체합니다. 속으로는 그리 괜찮지 않기에, 상황을 잊기 위해, 나가서 뭐 먹을 게 없나 두리번거리기도 하지요. 배도 전혀 안 고픈데 말입니다. 조금이라도 기분이 나아지기 위해 먹으려 하지만, 결국 먹는 행위에 중독되어 버리고 맙니다. 내면의 고통을 가리려 애쓰지만 진짜 문제는 해소되지 못한 채 남아 있기 때문이지요. 아니면 컴퓨터 게임에 중독될 수도, 또 다른 시청각적 유흥에 그렇게 될 수도 있습니다.

인터넷 게임은 감추어진 고통을 치유하는 데 도움이 되지 않을

뿐만 아니라, 갈망, 질투, 분노, 또는 절망을 부추기는 이야기나 이미지를 담고 있을 수 있습니다. 정말로 기분을 낫게 하는 것이 아닌, 잠깐 동안 마취를 시키는 데 지나지 않고, 이내 기분은 오히려 더 나빠지지요. 자신의 고통을 가리려는 목적으로 하는 소비는 결코 효과적이지 않습니다. 자신의 고통을 깊이 바라볼 수 있는 힘과 기술을 갖추기 위해서는 영적인 연습이 필요하지요. 그럼으로써 통찰을 얻고, 돌파구를 만들 수 있습니다.

●

멈춤 그리고
고통을 인식하기

고통이 일어나면, 첫 번째로 할 일은 멈추어 서고, 호흡을 따라가고, 그리고 고통을 알아차리는 것입니다. 그 불편한 감정들을 부정하거나 피하려 애쓰지 마세요.

들이쉬며, 거기 고통이 있음을 알고 있네.
내쉬며, 나의 고통에게 '반가워'하고 인사하지.

마음을, 몸을, 그리고 우리의 의도를 현존에 머물게 하기 위해서는 마음챙김의 호흡이 필요합니다. 의식적인 한 번의 호흡으로, 몸과 마음을 하나로 만들고, 지금 이 순간으로 돌아오지요. 단 한 번의 호흡이라도 마음을 다해 행하면 그것만으로도 놀라울 정도의 해방감을 줍니다. 각각의 호흡은, 마음챙김의 에너지를 생성하고, 몸과 마음을 함께 이 순간으로 가져옵니다. 그럼 자신의 고통에 대한 따뜻한 이해를 갖게 되지요. 완전한 주의를 기울이며 단지 두세 번의 호흡만 해도, 과거에 대한 후회와 슬픔이 어느새 멈춰 있음을 눈치챌지도 모릅니다. 미래에 대한 걱정과 두려움, 그리고 불확실함 또한 마찬가지입니다.

몸과 마음을 하나로

우리 모두는 육체를 갖고 있지만 그것과 늘 소통을 유지하지는 않습니다. 어쩌면 몸이 우리를 원할지도, 부르고 있을지도 모르지만, 그것을 듣지 못합니다. 업무에, 컴퓨터에, 핸드폰에, 대화에 사로잡혀 육체에 머물고 있음에도 그 사실을 잊을 수 있지요.

자신의 몸과 소통할 수 있게 되면, 자신의 감정과도 소통이 가능해집니다. 우리를 찾고 있는 수많은 감정들이 있습니다. 모든 감정은 우리 아이들 같지요. 고통이란 상처받아 울면서 우리를 찾고 있는 아이입니다. 하지만 이 내면 아이의 목소리는 무시되곤 합니다.

치유 과정은 마음챙김의 호흡으로부터 시작됩니다. 일상에서, 몸은 여기 있지만 마음은 과거로, 미래로, 아니면 우리의 업무에 가 있는 경우가 매우 잦습니다. 마음이 몸과 함께하지 않는 것이지요. 숨을 들이쉬며 들숨에 집중할 때, 몸과 마음의 재결합이 일어납니다. 지금 이 순간으로 돌아와 몸안에, 느낌 속에, 그리고 주위에 무슨 일이 일어나고 있는지 자각하게 되지요. 마음을 몸에 되돌릴 때, 뭔가 경이로운 일이 벌어집니다. 정신적 대화가 그 수다스러움을 멈추는 것이지요. 생각은 생산적일 수 있지만, 대부분의 생각이 그렇지 못한 것이 현실입니다. 생각할 때는, 그 생각 속에 매몰되어 길을 잃기 쉽습니다. 하지만 호흡을 통해 마음을 몸으로 되돌리면, 생각을 멈출 수 있습니다.

자신으로 되돌아와 마음챙기며 호흡할 때, 주의는 오직 한 가지 대상에 머뭅니다. 바로 호흡이지요. 들이쉬고 내쉼을 주의 깊게 지속하면, 자유와 현존의 상태를 유지합니다. 마음이 더욱 명료해지고 그에 따라 더 좋은 의사 결정이 가능해집니다. 마음이 두려움, 분노, 격정에 휘둘리며 내린 결정보다 명료하고 자유로운 상태에서 내린 결정이 아무래도 훨씬 낫겠지요.

어린 승려 시절, 저는 어떤 종류이든 소위 통찰이란 것이 생기려면 많은 시간이 걸릴 거라 믿었습니다. 하지만 진실로, 이 순간 바로 나타날 수 있는 통찰이 있습니다. 호흡으로 마음챙김 수행을 할 때, 당신은 자신이 **생생히** 살아 있음을 즉시 압니다. 그리고 그 생생함은 일종의 경이로움이지요. 자신의 몸이 생생히 살아 있음을 자각할 수 있다면, 몸 어딘가 긴장이 있을 때 그것을 알아차리는 것은 어렵지 않거니와, 그 자체가 중요한 통찰이라 볼 수 있습니다. 그 통찰을 통해, 상황에 대한 진단은 이미 시작된 것이나 다름없으니까요. 여기에 깨달음을 위해 8년 또는 20년씩 하는 수행은 필요 없습니다.

마음챙김 호흡은 어려운 것이 아닙니다. 숨을 쉬기 위해 애쓸 필요는 없지요. 이미 매일 매 순간 하고 있지 않습니까. 호흡을 통제하기 위해 씨름하지도 마세요. 실제로, 한 번 들이마시는 호흡이 진정한 기쁨이 될 수도 있습니다. 들숨에 주의를 유지한 채 자연스럽게 호흡이 일어나게끔 단지 허용하기만 하면 됩니다. 이는 마치 밤새 닫혀 있던 꽃봉오리에 비치는 아침 햇살 같은 것입니다. 햇살은 꽃을 방해하지 않습니다. 그것은 오직 감싸 안듯 미묘하게 꽃에 스며들 뿐이지요. 그렇게 햇살의 에너지에 휩싸이면, 꽃봉오리가 열립니다.

매혹적인 오락거리

마음의 분주함을 멈추고 자기 자신으로 돌아오면, 고통이 더 생생하고 압도적으로 분명하게 다가올 수 있습니다. 자신에게 돌아오지 못했던 이유는 우리가 고통을 무시하고 관심을 돌릴 다른 오락거리에 이끌려가는 데 익숙했기 때문입니다. 고통을 느끼면, 그로부터 도망치고 싶은 충동을 느끼고 좋지 않은 음식과 오락거리들로 자신을 채웁니다. 내면의 아픔으로부터 마음을 떼어놓을 수 있는 것이라면 무엇이든 하는 것이지요. 소용없습니다. 아주 잠깐 무감각해질 수는 있겠지요. 하지만 내면의 고통은 우리의 관심을 원하기에, 자기를 바라봐 줄 때까지 곪아가며 마음속을 마구 휘저을 테지요.

우리는 자신으로부터 도망칩니다. 자기 자신과 함께하는 것을 원하지 않지요. 아픔이란 그리 즐겁지 않은 일종의 에너지입니다. 밖으로 향했던 관심을 거두어 자신에게 돌아오면 내면의 고통, 절망, 분노, 외로움에 압도되리라 두려워합니다. 그렇기에 계속 도망만 치는 것이지요. 하지만 생각해 보세요. 스스로 돌볼 시간과 의지조차 없다면, 우리가 사랑하는 이들에게 어찌 돌봄을 제공할 수 있겠습니까?

첫 단계의 수행이, 밖으로 내달림을 멈추고 육체로 돌아와 자신의 고통과 마주하는 것인 이유가 바로 여기에 있습니다. 분노나 불안이 올라오는 것을 알아차릴 때, 우리는 고통의 느낌을 분명히 인식할 수 있습니다. 고통이 하나의 에너지라면 마음챙김 또한 다른 종류의 에너지입니다. 고통을 어루만지게끔 불러낼 수 있는 에너지이지요. 마음챙김의 호흡 수행은 필수적입니다. 고통을 돌볼 다음 단계에 필요한 에너지를 제공하기 때문입니다.

　마음챙김의 호흡을 통해, 아픈 느낌이 거기 있음을 알아차릴 수 있습니다. 이는 마치 형이 아우를 반갑게 맞이하는 것 같지요. "반갑다, 나의 고통아. 난 네가 거기 있다는 걸 알아."라고 말할 수도 있습니다. 이런 방법으로, 마음챙김의 에너지는 아픈 느낌에 압도되지 않게끔 우리를 지켜 줍니다. 심지어 미소까지 지으며 이렇게 말할 수도 있지요. "좋은 아침이야, 나의 아픔아, 나의 슬픔아, 나의 두려움아. 나는 너희들이 보인단다. 나 여기 있어. 그러니 걱정하지 말아."

●

고통을 감싸 안기

고통이 떠오를 때 단순히 그것이 마음을 차지하도록 내버려둘 뿐이라면, 순식간에 그냥 압도될 수 있습니다. 그러므로 그와 동시에 또 다른 에너지를 불러내야 하지요. 바로 마음챙김의 에너지입니다. 마음챙김의 기능은 우선 고통을 알아차리는 것이고, 그다음이 고통을 돌보는 것입니다. 마음챙김의 작용은 고통을 알아차린 후 그것을 감싸 안는 것이지요. 우는 아기를 돌보는 어머니는 자연스럽게 아기를 감싸 안습니다. 여기에는 울음에 대한 어떤 억압이나 비판, 또는 무시도 없지요. 마음챙김 또한 이와 같습니다. 고통을 알아차리고 껴안아 주지만 거기에는 어떤 비판도 없습니다.

이렇듯 수행이란 감정과 싸우거나 억압하기보다는, 그것을 충분히 부드럽게 달래 주는 것입니다. 어머니가 아기를 감싸 안으면, 그 부드러운 에너지가 아기 몸에 스며들지요. 아기가 무엇이 불편한지 처음엔 알지 못한다 할지라도, 부드럽게 안아 주는 행위만으로도 이미 아기는 안도감을 느낍니다. 마음챙김의 호흡과 함께 고통을 알아차려 달래 줄 수 있다면, 그 내용에 상관없이 이미 그것만으로 안도감이 생기지요.

자신의 고통을 껴안아 주는 것이 일견 원하는 바의 정반대인 듯 보일 수 있습니다. 특히 그 고통이 매우 크거나, 우울증을 동반했을 때 그렇습니다. 이 시대에 우울증은 가장 광범위하게 겪는 고통 중 하나이지요. 그것은 우리에게 평화와 기쁨, 안정감을 앗아갑니다. 심지어 먹지도, 움직이지도 못해 간단한 일조차 할 수 없게 만들기도 하지요. 그것은 일견 도저히 극복할 수 없어 보여, 할 수 있는 일이라 곤 그로부터 도망치거나 그냥 항복해 버리는 것밖에 없다고 여길 수 있습니다.

그러나 이 거대한 고통에 그냥 항복해 버리는 것과 무비판적으로 알아차리고 감싸 안아 주는 것은 전혀 같은 행동이 아닙니다. 스스로 살펴 돌보도록 허용하면, 그것은 자연스럽게 좀 덜 완고해지고 좀 더 다룰 만해집니다. 그럼 이제 그것을 부드럽지만 깊이 들여다볼 기회를 잡는 것이지요(이때 지지를 위해 마음챙김의 호흡은 시종일관 견고히 유지되어야 합니다.). 그러고는 어째서 그것이 당신 앞에 나타났는지가 드디어 밝혀지는 겁니다. 그것은 당신의 관심을 얻으려, 당신에게 뭔가 얘기하려 애쓰고 있고, 이제 그 얘기를 들어줄 기회를 잡을 수 있습니다. 이때 당신과 함께할 누군가를 요청할 수도 있습니다. – 선생님, 친구, 심리치료사 같은 사람들이지요. 혼자서든 아니면 누군가 함께이든, 그 고통의 뿌리는 어떻게 생겼는지, 어떤 습관을, 양분을 흡수해서 그러한 슬픔이 자라게 되었는지 탐구할 수 있게 됩니다. 깊은 관찰을 통해, 당신은 이 유기물적인 '쓰레기'를 어떻게 하면 비료로 탈바꿈시킬 수 있는지 발견하게 됩니다. 이해와 자비, 그리고 기쁨이 라는 수많은 아름다운 꽃이 될 수 있는 비료 말입니다.

종

아무리 좋은 의도를 갖고 있어도 – 그리고 아무리 오랜 세월 마음챙김 수련을 거쳤을지라도, 사람은 모두 다른 어딘가에 있는 행복을 찾아 과거로, 미래로 달려 나가는 경향을 갖습니다. 마음챙김의 종은 자기 자신으로 돌아오도록, 지금 이 순간의 **삶**으로 돌아오도록 상기시킬 훌륭한 도구입니다. 실제 종소리를 쓰든 아니면 어떤 다른 소리를 이용하든 상관없습니다. 종소리는 내면 붓다의 목소리입니다. 세상 모든 이들에게는 불성이 있습니다. – 그것은 자비롭고, 명료하며, 모든 것을 이해하는 품성을 가질 능력입니다. 그렇기에 만약 마음챙김 수련을 즐긴다면, 종소리를 들을 때 감사와 존중을 담아 거기에 화답합니다. 제가 속한 전통에서는, 종소리를 들을 때마다 하던 일을 멈춥니다. 움직임을 멈추고, 말을 멈추고, 생각을 멈추고는, 가슴의 목소리에 귀를 기울이는 것이지요.

우리는 "종을 친다."거나 "종을 때린다."고 말하지 않습니다. 대신 "종을 초대한다."고 말하지요. 종은 친구, 그것도 우리를 일깨워 각자 자신에게로 인도하는 깨달은 친구이기 때문입니다. 온화함과 비폭력성은 종소리의 특징이지요. 비록 온화하지만 그것은 매우 강력합니다.

　종소리가 들리면, 자신으로 돌아와 온전한 숨쉼을 즐기세요. 잠시 들숨과 날숨을 깊이 가져가며 작은 행복을 느껴보세요. 고통의 끝이 어떠할지 궁금한가요? 그건 지금 여기 **이 숨결에** 들어 있습니다. 열반(nirvana)을 원한다면, 바로 여기입니다.

　들이쉬며, 들이쉼을 나는 아네.

　내쉬며, 미소 짓지.

3

깊이
살펴보기

아이를 몇 분간 안고 있으면, 자애롭고 사려 깊은 부모는 아기의 고통의 원인을 발견하곤 합니다. 어쩌면 배가 고팠거나 아니면 약간의 미열이 있었을는지도 모르지요. 자신의 고통에도 이는 똑같이 진실입니다. 잠시 고통을 껴안아 주며 달래다 보면, 더욱 깊이 살펴볼 수 있게 되고, 무엇이 그 원인이었는지, 무엇이 그것을 키웠는지 이해하게 됩니다. 상황의 본질에 대한 이해는 고통의 변용을 더욱 쉽게 만들어 주지요.

●

고통의 이해

우리가 고통으로 공황 상태에 있다면, 공황 상태를 우선 처리할 필요가 있습니다. 일단 마음챙김 에너지가 고통을 완화시키면, 비로소 그 근원과 본질에 대해 깊이 살필 수 있게 되지요. 두통이 있을 때, 그것이 있음을 인식하고 그 원인을 이해한다면 적당한 처방을 찾는 데 도움이 되듯이 말입니다. 이렇듯 이해는 고통을 줄이고 연민으로 탈바꿈시키게끔 돕습니다.

이해심을 기르는 마음챙김 수련에서는 무엇보다 우선 고통에 대한 이해가 중요합니다. 여기에는 자신의 고통뿐만 아니라 다른 이들의 고통까지 포함됩니다. 이해심이 결여된 인간은 연민이 결여되며, 철저히 외롭고, 단절되고, 고립되어 버립니다. 그러나 타인과의 연결을 회복하기 위해서는, 먼저 자신의 내면을 기꺼이 깊이 살펴야만 합니다.

●

우리 선조들의 고통

내면의 병든 부분들 중 일부는 살면서 겪었던 상처나 아픔에서 옵니다. 하지만 또 다른 일부는 선조들로부터 내려받은 것들도 있습니다. 옥수수 풀이 한 톨의 씨앗에서 자란 것임을 생각해 보세요. 각각의 줄기, 잎사귀마다 처음 그 씨앗이 내재되어 있는 셈이지요. 세포 하나

하나에까지 씨앗이 들어 있는 것입니다. 한 대의 옥수수가 옥수수 씨의 연속체인 것처럼, 당신은 부모님들의 연속체입니다.

　다섯 살 시절 자신의 사진을 보면서, 이렇게 자문해 볼 수 있습니다. '사진 속 아이와 나는 동일인인가?' 대답은 '아니다.'도 '그렇다.'도 아닙니다. 당신의 감정, 정신세계, 느낌, 그리고 의식은 그 아이와는 확연히 다릅니다. 정확히 같은 사람은 아니라는 점은 분명하지요. 하지만 그렇다고 둘 사이가 완전히 무관하다고 말한다면, 이 또한 틀렸다고 할 수밖에요. 자신과 그 어린 시절 자신은 서로에게 상호 의존적인(inter-are) 존재입니다.

　제 어머니는 저를 낳기 전 한 번의 유산을 경험했습니다. 태어나지 못했던 그 아이 - 그는 나의 형일까요 아니면 나일까요? 그와 내가 완전히 동일하지는 않지만, 그렇다고 전혀 다르다고 할 수도 없습니다. 제 두 발은 저의 선조들로부터 전해져 내려왔습니다. 걸을 때 나의 두 발로 걷지만, 그것은 선조들의 발이기도 합니다. 손을 쳐다볼 때면 거기서 제 어머니의 손을 볼 수 있습니다. 팔은 아버지의 것이지요. 저는 제 부모님의 연속체입니다. 생물학적인 부모님을 잃었거나 전혀 알지 못해, 직접 뵐 기회를 갖지 못한 이들이 있습니다. 부모가 아직 살아 있음에도 직접 소통하지 못하고 친척들 손에 키워진 이들도 있지요. 이 모든 경우처럼 부모나 선조들과 직접적인 관계를 갖지 못했다 할지라도, 당신의 몸과 마음속에는 그들의 고통과 희망이 스스로 만들어 낸 그것과 함께 담겨 있지요.

따라서 내면에 고통이 있고 그것이 어디서 기인한 것인지 알 수 없을 때, 깊이 살피면 그것이 선조들로부터 전해진 것일 수도 있습니다. 그것은 세대에서 세대로 내려왔습니다. 아무도 어떻게 고통을 알아차리고, 감싸 안고, 치유하는지 몰랐기 때문입니다. 이는 당신의 잘못도, 선조들의 잘못도 아닙니다.

어린 시절 경험했던 고통 때문에 많은 이들이 자신의 부모에게 분노를 터뜨립니다. '내가 저 인간하고는 상종하기도 싫어.'라며 말입니다. 당신은 아버지가 밖에 존재하는 별개의 사람이라고 굳게 믿고 있을는지 모르겠지만, 실은 아버지는 당신 내면에도 존재합니다. 몸 구석구석 세포 하나하나에 아버지의 현존이 담겨 있지요. 자신으로부터 아버지를 분리해 낼 수는 없습니다. 그것은 불가능합니다. 그가 고통받으면 당신 또한 고통받고, 당신이 고통당하면 아버지 또한 고통당합니다. 아버지에게 분노를 터뜨릴 때, 당신은 자신에게 분노하고 있는 것입니다. 부모의 고통은 아이의 고통입니다. 깊이 살핌은 이 고통을 변용시키고 치유해 마침내 악순환을 끊어 낼 기회인 것입니다.

그러므로 자신의 고통을 깊이 살펴보면 부분적으로 그것이 온전히 자신만의 것이 아님을 알게 됩니다. 자신의 고통을 감싸 안을 수 있게 될 때, 이는 우리 선조들을 껴안아 주는 셈이며, 그렇게 치유가 세대를 거슬러 올라가며 이루어지게 되지요. 아픔을 알아차리고, 감싸 안고, 변용시키기 위해 마음챙김 호흡을 연습할 때, 그것은 자신뿐 아니라 그들을 위한 것이기도 합니다. 게다가 사랑하는 이들, 우리 아이들, 그 아이의 아이들에게까지 이어질 뻔했던 고통을 끊어 내는 것이지요.

●

두려움의 탐구

그냥 흘려보내면 되는 불필요한 고통 중 하나가 바로 두려움입니다. 죽음에 대한 두려움, 배고픔, 상해, 상실에 대한 두려움, 뭔가 잘못하면 어쩌나 하는 두려움, 우리가 아끼는 사람들에게 상처받을까 또는 상처 줄까 하는 두려움. 온갖 쓸모없는 두려움으로 많은 이들이 아파하고 안절부절 서성거리지요.

많은 사람들이 죽음에 대한 두려움에 고통당합니다. 영원히 살기를 원합니다. 종말을 두려워합니다. 존재에서 비존재로 넘어가길 원하지 않습니다. 이는 충분히 이해가 갑니다. 언젠가 급작스럽게 존재가 멈출 것이라 믿는다면, 그건 정말 끔찍할 수 있지요. 하지만 충분히 여유를 갖고 몸과 마음의 활동을 고요히 한 채 깊이 살피면, 자신이 지금 이 순간, 그리고 매 순간 죽어 가고 있음을 깨달을 수도 있습니다. 당신은 자신이 수년 내로, 20년 내로, 또는 30년 내로 죽으리라 생각합니다. 이는 진실이 아닙니다, 당신은 지금도 죽어 가고 있지요. 당신은 늘 죽어 가고 있었습니다. 이처럼 죽어 가는 것도 살아가는 것만큼 똑같이 실제로 상당히 즐거운 것이랍니다.

당신이 책을 읽는 지금 이 순간에도 몸안의 많은 세포들이 죽어 가고 있습니다. 평균적인 성인의 경우 500억 내지 700억 개의 세포가 매일 같이 죽습니다. 그 모두를 애도하고자 한다면 너무나도 바쁠 터입니다. 그와 동시에 새로운 세포들이 끊임없이 태어나는데, 그들 모두에게 생일 축하 노래를 불러줄 시간은 절대 없지요. 만일 늙은 세포가 죽지 않는다면, 새로운 세포가 태어날 기회는 사라집니다. 그러니, 죽음이란 정말 너무나 좋은 일이지요. 죽음은 태어남에 필수적입니다. 지금 바로 이 순간에도 당신은 탄생과 죽음을 동시에 겪고 있는 셈입니다.

대부분의 사람들은 죽음을 아주 두려워하지만, 삶에 싫증 내는 사람들도 있습니다. 쉰 또는 일흔이 지나, 심지어 20~30대밖에 되지 않았음에도 권태감을 느끼지요. 삶이 참을 수 없을 정도여서 이제 그만 존재하기를 바랍니다. 그들 중 어떤 이들은 고통을 끝내기 위해서, 존재에서 비존재의 영역으로 가기 위해 자살이 그 방법이라 생각합니다. 이런 선입견은 양측 모두에서 고통을 야기합니다. 실제로는 삶과 죽음이 늘 함께 진행되고 있음에도 이를 무시하기 때문입니다. 삶과 죽음 중 어느 하나만 떼어 낼 수 없습니다. 심지어 당신이 생각하는 그 죽음 이후일지라도, 어떤 방식이든 존재는 계속됩니다.

깊이 살핌으로써 이런 종류의 잘못된 개념들을 해체시킬 수 있습니다. 태어남도 죽음도 없습니다. 모든 것은 매 순간 삶과 죽음을 동시에 겪으며 스스로 새롭게 하지요. 이런 통찰을 얻게 되면, 불안과 혐오감에 더 이상 묶이지 않습니다.

●

진정한 열망

두려움에 가득차면, 종종 두려워하는 그 사건을 방지하는 것에 완전히 매몰되고 맙니다. 그러곤 비록 예측 불가능한 세상이지만 그럼에도 기쁨이 가능하다는 사실을 잊고는 하지요. 어떤 이들은 성공과 안전을 위해 특정 학위나 경력이 필요하다고 믿습니다. 이런 종류의 성공에 집착해 그 희생양이 되는 사람들이 있습니다. 목표를 향해 죽도록 일해 그것을 가졌을 때, 그것이 결코 기대하지 않았던 상황임을 발견하고는 하지요. 정말로 그것이 행복이라면 희생양이라는 표현은 쓰지 않습니다.

의식주가 충분하고, 머리 위로 폭탄이 떨어질까 걱정할 필요도 없는 사회에서 살지라도 많은 이들이 여전히 고통을 경험합니다. 이는 우리가 가장 깊은 염원을 잊고 제쳐두었기 때문입니다.

많은 이들이 의식적인 주의나 의도가 빠진 채 터덜터덜 걷듯 인생을 살아갑니다. 그냥 어떤 경로에 자신을 놓고 방향을 잡고는, 그 길이 자신의 가장 중요한 목표를 충족시킬 수 있을지 의문조차 갖지 않지요. 행복이란 지금 이 순간에 가능한 것이 아니라는 믿음이 부분적으로 그 원인입니다. 지금 이 순간 분투함으로써 미래에 행복해질 수 있다고 생각합니다. 그렇게 행복하기를 미룬 채, 지금 갖추지 못한 행복의 조건을 얻기 위해 미래를 향해 달립니다.

숨을 들이마시며 마음을 몸으로 되돌리면, 수많은 행복의 조건들이 이미 갖추어져 있음을 즉시 깨닫습니다. 깊이 살펴 자신의 진정한 열망을 목격하고는 '행복해지기 위해 미래로 내달릴 필요는 없었군.'이라는 통찰을 얻을 수도 있습니다. 우리 모두 내달리는 습관이 있습니다. 예외가 없지요. 그 습관이 육체뿐만 아니라 마음에도 긴장을 만들어 냅니다. 그리고 그것이 고통의 주요 원인이 됩니다.

엄청난 권력, 명성, 부, 그리고 감각적 쾌락을 가져야만 행복할 수 있다고 많은 이들이 믿습니다. 하지만 주위를 둘러보면, 이런 것들을 넘치도록 소유한 이들조차 행복하지 않은 경우를 목격하지요. 이들 욕망의 대상들은 진정한 행복의 조건이 아닙니다. 깊이 살펴 내달리려는 에너지가 있음을 알아차리고, 만약 그것이 부추기는 걸 허용치 않는다면 어떤 삶이 될지 그려 볼 수 있습니다.

누구나 자유의지가 있습니다. 우리를 추동하는 강력한 동기이지요. 그것이 건전한 것이라면, 우리에게 기쁨을 가져다줍니다. 제 나이 열두 살 때, 승려가 되고 싶음을 알았습니다. 열여섯에 출가하여 승려가 되었지요. 저는 어머니를 너무나 사랑했습니다. 그렇기 때문에 한편으로 당신 가까이 머물고 싶기도 했지요. 하지만 저의 가장 큰 행복은 승려로서 사는 것임을 분명히 알고 있었습니다. 저는 어머니와 함께 보냈으면 가졌을 좋은 시간들을 희생해야만 했으며 그것이 슬펐습니다. 하지만 그 상실의 두려움이 저를 잡아끌도록 허용치 않았습니다. 제가 진정한 열망을 충족시키는 길에 올랐음을 알고 있었기 때문입니다.

종종 멈춤의 시간을 갖지 않는다면, 자신에게로 돌아와 깊이 살피지 않는다면, 무엇이 우리에게 가장 깊은 행복을 가져다주는지 알지 못할 수도 있습니다. 어떤 분야에서 성공을 위해 매진하고 있을 때, 어쩌면 다른 분야에서 일하는 것에, 또는 다른 방법으로 남을 돕는 길에 가장 깊은 열망이 있을 수도 있습니다. 멈춰 서서 자문해 봐야 합니다. '이 길을 통해 내 최고의 열망을 알아차릴 수 있을까?', '가장 열망하는 길을 감에 있어 실제로 무엇이 방해하고 있는가?'

●

이해와 연민
길러 내기

잘 만들어진 비료가 꽃밭이 되듯 슬픔을 깊이 살피고 달래면, 그것은 이해와 연민으로 변용됩니다.

　이해의 첫걸음은 자신에게 귀기울이는 것입니다. 고통의 뿌리는 깊으며 타인의 고통의 뿌리와 연결되어 있기 때문입니다. 우리는 대개 다른 사람들, 가령 부모, 배우자, 직장 동료 등이 자신에게 상처를 준다고 생각합니다. 하지만 좀 더 깊이 살펴보면, 자신이 느끼는 고통의 진정한 근원을 볼 수 있게 되고, 아울러 상처를 준다고 생각했던 타인들 또한 그들 나름 고통의 희생양일 뿐임이 보입니다. 자신의 상처를 이해하게 되면 다른 이들의 고통 또한 보고 이해할 수 있게 됩니다. 비판 없이 봄으로써 이해할 수 있게 되며, 이어 자비심이 생겨납니다. 변용이 가능해지는 것이지요.

　누군가에게 화가 났을 때, 처음에는 그가 자신과 달리 고통이란 모르고 산 듯 보입니다. 그가 행복하고 걱정 없는 삶을 즐기는 듯 보이고, 자신이 원해 마지않는 모든 것들을 다 가진 것처럼 보이지요. 하지만 충분히 깊이 살필 줄 알게 되면, 그의 내면에도 고통이 있음을 보게 됩니다.

　앉으나 서나 마음챙김이 익숙해지면, 다른 이들의 행동에서 숨겨진 원인을 파악하게 됩니다. 내면에 많은 고통을 지닌 채 그것을 어떻게 다룰지 알지 못함이 분명히 보이지요. 스스로 너무나 고통스럽지만 다룰 줄 몰라 주위 사람들까지도 고통스럽게 만드는 것입니다. 그들에게 필요한 것은 징벌이 아니라 도움의 손길입니다. 이 수행을 계속하면 내면에서 분노나 질투로 인한 고통이 사라지고 자비심의 연꽃이 피어납니다.

　바라보는 시선 속에 비난과 비판이 사라지고 연민으로 타인을 볼 수 있게 되면, 대상이 전혀 다르게 보이기 시작합니다. 언행도 달라집니다. 주위에서는 당신이 자기들을 진심으로 보고 이해하고 있음을 느낄 수 있습니다. 이미 그것만으로도 주위 사람들은 아픔이 확연히 경감되는 경험을 합니다.

　아이들일지라도 깊이 살피는 것이 가능합니다. 아이들은 부모가 곤란을 겪고 있으며 그 아픔을 어떻게 다루는지 알지 못함을 봅니다. 고통은 넘쳐흘러 주위 다른 이들에게까지 – 사랑해 마지않은 이들에게 특히 – 전염됩니다. 고통의 이해가 분노를 변용시키는 데 도움이 됩니다. 그리하여 가슴에 자비심이 솟아나면, 타인의 고통에 자연스럽게 손을 뻗쳐 돕습니다.

이해와 연민은 다른 누군가를 위한 것이 아닙니다. 그것은 자신을 치유하고 자신의 행복을 증진시킵니다. 이해와 연민이 없는 인간은 결코 행복한 존재가 아닙니다. 이해와 연민 없이는, 철저히 외롭고 단절되지요. 다른 인간과의 유대는 바랄 수 없습니다.

저라면 아무 고통도 없는 세상을 바라지는 않겠습니다. 거기에는 이해와 연민 또한 없을 테니까요. 배고픔에 고통받은 적이 없다면 음식에 대한 고마움을 느낄 수 없습니다. 전쟁을 겪어보지 못했다면 평화의 가치를 결코 알 수 없지요. 이것이 어째서 살면서 한번씩 마주치는 즐겁지 못한 것들을 피해서는 안 되는지 그 이유입니다. 자신의 고통을 붙잡고, 그 안을 깊이 살핍니다. 다음 그것을 연민으로 변용시키면, 행복으로 향하는 길을 찾은 겁니다.

마음챙김을 통해, 아프고 힘들었던 감정들이 아름다운 무엇으로 변용됩니다. 이해와 연민으로 만들어진 경이로운 치유 연고라 하면 어떨까요.

부드러운 소통

우리가 겪는 가장 기본적이고 중요한 어려움 중에 하나는 내면과 원활하게 소통하지 못한다는 것입니다. 자기 자신에 대한 이해가 부족합니다. 몸안의 긴장과 충돌하고 또 이게 해소가 되지 않습니다. 멈추어 서서 깊이 살피는 대신, 외로움, 비탄, 슬픔, 분노, 공허함 등의 느낌을 참을 수 없어 가능한 한 멀리 달아날 궁리만 하는 것이지요.

이런 상황에 처하면 다른 사람과 소통이 잘 되지 않는 것은 당연합니다. 우리도 자신과 소통하지 않고, 그들도 그들 자신과 소통하지 않으니 서로 간에 소통이 안 되는 것이 무슨 놀라운 일이겠습니까? 이런 상황은 비난이나 징벌의 대상일 수 없습니다. 오히려 이해와 연민의 대상이지요.

마음챙김의 호흡으로 시작되는 수행을 통해, 우리 안에 고통이 있고, 다른 사람 안에도 고통이 있음을 알아차립니다. 우리 자신도 도움이 필요합니다. 다른 사람들 또한 도움이 필요하지요. 누구도 벌을 받을 필요는 없습니다. 그러니 화가 나고 고통받을 때, 다른 사람을 벌주기 위한 어떤 말이나 행동도 시도하지 마세요. 상대방 내면에도 많은 고통이 이미 존재하고, 그를 벌주는 것은 상황을 개선하는 데 전혀 도움이 되지 않으니까요.

다른 이에게 연민을 보이는 가장 효과적인 방법은, 말하기보다 듣기입니다. 연민으로 깊이 듣기를 연습할 기회가 당신에게 주어졌습니다. 다른 이의 얘기를 연민으로 들을 수 있으면, 그것은 그의 상처에 발라 주는 연고와 같습니다. 연민으로 듣기라는 수행에서는 오직 한 가지 목적만 가져야 합니다. 바로 그 사람으로 하여금 소리 내어 말할 기회를 주어 고통을 줄이는 것이지요.

이 수행에는 지속적인 집중과 마음챙김 호흡이 요구됩니다. 자신이 듣고 있는 얘기에 끼어들거나 정정하려는 충동을 자제하기 위해서입니다. 다른 사람이 하는 얘기를 듣다 보면 거기엔 수많은 씁쓸함, 인식적 오류, 상대방에 대한 비난이 섞여 있습니다. 그런 것들이 내면의 분노를 자극하게끔 그냥 두면, 결국 자제력을 상실하여 깊은 경청이 불가능해지지요.

그렇게 하는 대신, 듣기의 진정한 목적을 상기하며 스스로 되새깁니다. '이와 같은 듣기를 통해, 나의 유일한 목적은 오직 말하는 사람의 고통을 경감시키는 것일 뿐. 그가 비록 잘못된 상황인식으로 가득 찬 이야기만 할지라도, 결코 끼어들지 않으리라. 만일 나의 관점을 가지고 끼어들어 오류를 정정하려 든다면, 이내 대화는 논쟁으로 변질되어 깊이 경청하기 수행이 아닐 터. 자기의 잘못된 인식을 정정할 수 있도록 그에게 올바른 정보를 줄 기회는 이후에 얼마든지 있다. 하지만 지금은 아니지.' 이런 마음챙김으로 당신은 연민을 유지하고 내면의 분노 폭발을 방지할 수 있습니다. 어쩌면 그의 말을 이토록 깊이 경청해 준 사람은 당신이 처음일는지도 모릅니다.

그의 고통을 다 이해한 후라면, 이제 드디어 당신이 말할 차례가 되었을 때 당신의 목소리에 연민이 담깁니다. 당신의 말에는 비난과 비판이 전혀 없고 오직 사랑만이 느껴지지요. "당신을 고통스럽게 만들 의도는 없었소. 내가 당신이 고통을 겪고 있다는 걸 이해하지 못했구려. 미안하오. 당신이 얼마나 고생하고 어려웠는지 내게 말해 나를 도와주시오. 당신을 이해할 수 있도록 나를 좀 도와주시구려."라고 얘기할 수도 있습니다. 아니면 "지난 세월 당신이 많은 고통을 겪었음을 알고 있소. 그걸 덜어 주는 데 도움이 되지 못했구려. 오히려 내가 상황을 악화시키기만 했던 것 같소. 화만 내고, 고집불통이었소. 당신을 돕기는커녕 말이오. 그간 당신을 더 고통스럽게만 만들었던 것 같소. 진심으로 미안하오."라고 얘기하는 건 어떨까요. 많은 이들이 이런 종류의 말을 더 이상 하지 못합니다. 자신 또한 이미 너무나 많은 고통을 겪었기 때문입니다. 하지만 깊이 경청하고 사랑을 담아 말하는 수행을 의식적으로 한다면, 정말 많은 치유와 행복이 가능합니다.

사랑하는 이를 위해
마음챙김 종이 되자

사랑하는 이가 고통을 겪을 때, 당신은 그에게 연민의 동맹이 되어 줄 수 있습니다. 사랑하는 이가 전화로든 대면으로든 누군가와 대화하며 어려움을 느낄 때 도움을 줍니다. 대화 상대가 사랑하는 이의 분노나 슬픔을 유발하는 말을 한다고 생각되면 그때마다, 사랑하는 이의 손을 지긋이 잡아 주는 거지요. 그게 바로 마음챙김의 종입니다. 사전에 사랑하는 이에게 이렇게 말해 줍니다. "내가 지긋이 손을 잡으면, 기억해. 당신은 아무 말도 할 필요가 없어. 단지 호흡에 집중하며 천천히 세 번 들이쉬고 내쉬는 거야. 그리고 한 번 미소 지어 보는 거지. 그럼 상대방은 당신이 듣는 태도를 보고 무척 놀랄지도 몰라. 딱 세 번만 심호흡을 하는 거야. 아무 말도 하지 말고. 그러고는 살짝 미소를 띠는 거지."

　　마음챙김의 종 역할을 하세요. 당신이 손을 잡아 줌은 마치 종소리 같아서, 친구가 자기 자신으로 돌아오게끔 부드럽게 부릅니다. 그 손잡음은 이런 뜻입니다. '당신 옆에 내가 있어. 당신은 다른 거 필요 없이 그냥 호흡만 하면 돼."

4

고통
줄이기

어떤 상황이나 사고가 자신에게 심대한 고통을 야기할 때가 있습니다. 객관적으로 보면 그리 크지 않은 사안임에도 불구하고 어떻게 다루어야 할지 알지 못해 엄청난 것으로 느껴지기도 합니다. 사랑하는 이를 잃는 정도라면, 물론 심대한 상실입니다. 느껴지는 그대로 커다란 아픔입니다. 하지만 누군가가 본인을 좋아하지 않는다고, 똑바로 행동하거나 말하지 못했다고, 바라던 승진을 하지 못했다고 몇 날 며칠을 걱정하는 경우도 있습니다. 상대적으로 사소한 고통이지만, 온 마음에 가득 차도록 이를 확대 해석합니다.

사소한 고통을 다룰 줄 알면, 적어도 일상에서는 고통받지 않을 수 있습니다. 프랑스어로 **레 프띠뜨 미제흐**(les petites miseres), 곧 작은 불행들을 흘려보내는 연습이 가능합니다. 그렇게 에너지를 비축

하면, 피할 수 없는 질병과 상실의 진짜 고통의 순간에 그것을 안아주고 달래 줄 여력이 생깁니다.

●

화살을 거두다

『화살경(Sallatha sutta, SN 36,6)』에서 찾을 수 있는 붓다의 가르침이 있습니다. 이른바 화살의 비유이지요. 화살에 맞으면, 맞은 바로 그 자리에 통증을 느낄 것입니다. 그런데 두 번째 화살이 날아와 정확히 똑같은 자리에 맞았습니다. 그럼 그 아픔은 단지 두 배는 아닐 테지요. 적어도 열 배는 더 아픔을 느끼지 않을까요.

살다 보면 때로는 원치 않던 일이 일어납니다. 거절당하고, 귀중한 물건을 잃어 버리고, 시험에서 떨어지고, 사고로 다치기도 하지요. 화살은 이런 사건들을 비유하는 것입니다. 일정 부분 아픔을 유발하는 일들이지요. 두 번째 화살이란 우리가 보이는 반응, 거기에 덧입히는 스토리, 그리고 이어지는 불안을 의미합니다. 우리 스스로가 쏜 화살이지요. 이 모든 것들이 고통을 확대합니다. 많은 경우에 우리가 걱정해 마지않는 궁극의 재앙은 일어난 적도 없습니다. 가령 암에 걸려 곧 죽게 되는 건 아닐까 걱정할 수 있습니다. 그야 알 수 없는 일이지요. 하지만 알 수도 없는 일에 대한 두려움이 고통을 더 크게 만듭니다.

두 번째 화살이 단죄의 형태를 띨 수도 있습니다("그때 어쩜 그렇게 멍청할 수 있었을까?"). 혹은 두려움("이 아픔이 사라지지 않으면 어떡하지?"), 또는 분노("아픈 건 이제 진절머리가 나. 왜 나만 그래!")일 수도 있습니다. 순식간에 부정적인 생각 지옥을 마음속에 불러내어 실제 사건의 스트레스를 수십 배씩 뻥튀기하는 겁니다. 두려움, 분노, 실망에 휩싸여 실제보다 고통을 부풀리지 않는 것. 이는 고통을 잘 겪어 내는 기술의 일부입니다. 우리는 큰 고통을 다루는 데 필요할 여분의 에너지를 조성하고 비축합니다. 사소한 고통은 그냥 흘려버리면 되지요.

직장을 잃었다면, 물론 두려움과 불안을 느끼는 게 정상적인 반응입니다. 대부분의 경우, 직업이 없는 상태는 사실 고통스럽지요. 만일 의식주를 해결할 여력이 없거나 약 살 돈도 없다면 그건 정말로 위험합니다. 하지만 그렇다고 실제보다 최악인 상황을 가정하여 머릿속에 굴려봤자 고통을 악화시킬 뿐입니다. 이런 상황에서 어떤 이들은 생각합니다. "난 이런 일에 영 소질이 없는 것 같아." 또는 "다시는 직장을 얻을 수 없을 거야." 또는 "내 가족을 내가 망쳐 버렸어." 정말 중요하니 기억하세요. 그 어떤 것도 영원한 것은 없습니다. 고통은 누구에게든 언제든지 일어날 수 있지만 – 결국 사라집니다.

스스로를 자책하거나 다음 순간 파국으로 치달을까 봐 조바심

내는 데 아까운 에너지를 내다 버리는 대신, 실제 고통과 함께 단순히 현존해 보십시오. 그것은 바로 눈앞에 있지 않습니까. 지금 이 순간 벌어지고 있는 일이지 않습니까. 마음챙김으로 지금 순간 벌어지는 일을 알아차릴 수 있습니다. 맞습니다, 고통이 여기 있네요. 하지만 거기 함께 있는 당신은 여전히 멀쩡하고 생생합니다. "들이쉬며, 나 여기 살아 있음을 알고 있네." 당신 눈도 여전히 잘 작동됩니다. "들이쉬며, 나의 눈이 잘 있음을 느끼네. 내쉬며, 나의 눈에게 미소 짓지."

눈이 잘 보이는 건 경이로운 일입니다. 눈이 잘 보이기에 매 순간 형태와 색깔의 천국이 펼쳐질 수 있으니까요. 눈이 멀게 된 사람들도 있습니다. 끝없이 변화무쌍한 형태와 색깔의 만화경을 잃어버린 셈이지요. 그 무엇보다 간절한 소망이 시력을 되찾는 것일 터입니다. 그런데 당신은 눈꺼풀만 들어올리면 바로 그 만화경을 즐길 수 있지요. 맞습니다. 그건 천국입니다. 잠시 멈추어 서서 그것이 얼마나 고마운 일인지 눈치챈다면 말이지요. 잘 보이는 눈을 가졌다면, 그것을 즐기세요. 즉각적인 행복이 가능합니다. 비록 모든 게 완벽한 건 아닐지라도 말이지요.

사랑하는 이를 바라볼 때, 만일 그가 불안에 젖어 있다면, 밖으로 데리고 나가세요. "자기야, 저기 노을이 보여? 봄이 온 게 보여?" 이것이 마음챙김입니다. 마음챙김은 바로 지금 일어나는 일을 알아차리도록 하는 작업입니다. 지금 이 순간 늘 존재하는 행복의 조건들은 우리 안에 뿐만 아니라, 온 사방에 없는 곳이 없습니다.

●

콤플렉스 그리고
분리된 자아의 느낌

스스로 자신에게 쏘는 두 번째 화살 중 가장 흔한 것은 지니고 있는 신념으로부터 옵니다. 자신에게 고통을 유발하는 기본적 문제 중 하나가 분리된 자아라는 생각입니다. 이로 인해 열등함, 우월함, 그리고 평등함이라는 콤플렉스가 뒤따르게 되지요. 자아라는 개념을 지니고 있는 한, 모든 종류의 위협과 불편함으로부터 도망쳐 자신을 보호하려고 애쓰게 됩니다. 약간의 외로움이나, 분노, 두려움이 있더라도 마치 아무렇지도 않은 체합니다. "별거 아니야."라고 말하며 신경질적으로 그 모든 감정을 안 보이는 곳으로 치워 버리려 하지요.

자신을 타인과 비교하는 불쾌한 상황에 반응할 때 우리는 불필요한 고통을 창조하고, 이는 다시 우리가 분리되어 있다는 환상을 강화시킵니다. '내가 그래도 저놈보다야 낫지. 저놈이 뭐라 하든 상관없어.'라고 혼잣말하며 잠깐이나마 만족을 느낄 수도 있습니다. 그럼 그것이 우월함의 콤플렉스입니다. '난 절대 저 사람만큼 잘할 수 없을 거야. 노력해 봤자 아무 소용없어.' 이는 열등함의 콤플렉스지요. '나와 그들은 평등해.' 많은 이들은 이런 생각이 이들 콤플렉스를 다루는 최고의 방법이라 여깁니다. 그러나 이 또한 비교하는 마음이 만들어 낸 하나의 콤플렉스입니다.

한정된 자원에 접근할 공평한 기회를 의미할 때, 다시 말해 모든 사람의 필요와 감정을 존중할 때, 평등은 좋은 개념입니다. 그러나 다른 이들과 평등함을 스스로 끊임없이 확인하려 애쓴다면 이는 분별이라는 고통으로부터 한시적인 안도감만을 줄 뿐입니다. 그리고 이는 궁극적으로 더 많은 고통을 만들어 냅니다. 왜냐하면 이는 분리된 자아라는 그릇된 신념을 영속화시키기 때문입니다. "나는 저 사람만큼 잘할 권리가 있어."라고 생각한다면, 거기에는 여전히 분리된 자아라는 개념이 존재하고, 따라서 언제까지나 계속 비교하게 됩니다. 비교를 계속하는 한, 언젠가 다가올 부족감에 대한 두려움에 고통받습니다. 더욱 심각한 것은, 고립되고 소외된 느낌의 지속적이고 아픈 망상에 스스로 사로잡힌다는 점입니다.

더 새파란 잔디
붓다와 마라의 이야기

이 이야기는 붓다께서 마라(Mara)를 만났던 얘기로, 콤플렉스의 문제를 설명합니다. 붓다의 말씀 중에, 마라는 모든 결핍감과 망상을 의인화한 것입니다. 삶에서 우리를 고통스럽게 하는 그 모든 것을 의미합니다.

붓다께서 한 동굴에 홀로 안거하고 계셨습니다. 그의 수좌이자 제자인 존경하는 아난다는 탁발을 나가 얻은 음식을 둘로 나누어 한쪽은 자신이 먹고, 다른 한쪽은 붓다께 드리곤 했습니다. 어느 날 아침 붓다께서 동굴 안에서 명상에 잠겨 앉아 있는데, 동굴 밖에 있던 아난다는 누군가 다가오는 것을 보았습니다. 그는 이 사람에게서 뭔가 매우 익숙한 느낌을 받았습니다. 그는 마라였습니다!

아난다는 얼른 숨고자 했습니다. 마라가 아무도 보지 못한 채 동굴을 지나간다면 붓다께서도 방해받지 않을 테니까요. 하지만 이미 너무 늦었습니다. 마라는 곧장 아난다에게 다가와 물었습니다. "존경하는 아난다여, 너의 스승이 여기 계시는가?" 아난다는 거짓말을 했습니다. "아니다. 붓다께서는 여기 계시지 않는다. 붓다께서는 모임

… 토론회 … 음 뭐 아무튼 그런 곳에 가셨다!" 하지만 거짓말은 승려에게 적절하지 않은 터라 그는 결국 말했습니다. "왜 묻는가?"

마라가 말했습니다. "나는 붓다를 만나 뵙고 싶다." 이에 아난다가 경멸에 차 대답했습니다. "물러가라! 너는 붓다의 친구가 아니다. 너는 그분의 적이다. 너는 기억도 나지 않는가? 보리수 아래에서 붓다께서 깨어나려 할 적에 그분을 방해하려 애썼고 결국 끔찍하게 패했던 것을? 붓다께선 너를 만나지 않으실 게다."

그 말을 들은 마라는 웃으며 말했습니다. "하하하. 정말인가? 정말로 너의 붓다에게 적이 있는가? 붓다께서 본인에게는 적이 없다고 말씀을 하신 걸로 아는데? 이제 어떤 연유로 그분에게 적이 생긴 것인가?"

아난다는 말문이 막혔습니다. 그래서 동굴 안으로 들어가 붓다께 마라를 만날지 여쭤보았습니다. 내심 붓다께서 거절하시리라 희망하면서 말이지요. 하지만 밖에 누가 기다리고 있는지 들으시고는 붓다께서 말씀하셨습니다. "마라? 들어오게 해라." 아난다는 정말로 실망했지만, 하는 수 없이 밖에 나가 마라를 데리고 들어왔습니다.

마라가 들어오자, 붓다께서 일어나시더니 마치 오랜 친구를 본 듯 마라를 반겼습니다. 마라에게 상석에 앉을 것을 권하고 아난다에게는 마라가 마실 차를 가져오라고 부탁했습니다. 아난다는 이런 상황이 정말로 맘에 들지 않았지요. 붓다를 위해 준비하는 차라면 하루에 수백 번이라도 기꺼이 했을 겁니다. 하지만 마라를 위한 차라니, 전혀 내키질 않았지요. 하지만 붓다와 마라 사이의 대화가 짧게 끝나기만을 희망하며 할 수 없이 마라의 차를 준비했습니다. 실제로 둘 사이의 대화가 끝난 것은 그로부터 매우 긴 시간이 지난 뒤였습니다.

붓다와 마라는 마치 막역한 친구 사이인 듯 말을 나누었습니다. 붓다가 말씀하셨습니다. "마라, 그동안 어찌 지냈는가? 잘 지냈는가?" 마라가 말합니다. "딱히 좋지는 않았네." "무슨 일이 있었는가?" 붓다께서 물었지요.

마라가 대답했습니다. "내 제자들이 이제 더 이상 내 얘기를 들으려 하지 않네. 그들은 이제껏 내가 말한 것은 무엇이든 했네만, 요즘은 반역을 꾀하고 있어. 내 밑의 모든 장군, 모든 병사, 그리고 모든 제자까지, 마음챙김 공부를 하길 원한다네. 걷기 명상을 해 보고 싶어 하고, 침묵 속에 식사하는 법을 연습하려 하며, 지구를 보존하는 일에 앞장서고 싶어 해. 도대체 그 녀석들이 어떻게 된 건지 모르겠네. 내 친구 붓다여, 난 이제 마라 노릇을 하는 게 너무 피곤하다네. 내가 뭔가 다른 존재였으면 해. 마라로 생활하는 게 여흥이나 놀이, 광란의 파티 같은 거라는 생각이 사라졌어."

붓다가 웃었습니다. "자네 붓다로 사는 건 만만할 줄 아나? 내가 말한 적도 없는 내용을 사람들이 인용하면서, 그게 내가 한 말이라고 얘기한다는 걸 아는가? 내가 행한 적도 없고 하라고 권한 적도 없는 행동을 하면서, 사람들은 내가 그런 행동을 권했다고 말한다네."

"나는 일찍이 고매한 명성과 왕자라는 나의 지위, 그리고 끝없이 즐길 수 있었던 감각적 쾌락들에 대한 집착을 버렸네. 나의 왕위를, 아름다운 아내와 자식을, 미래의 아이들과 막대한 부까지 그 모든 것을 오직 절대적 자유의 깨달음을 위해 포기했네. 그런데 요즘 사람들은 사원에 와서 내가 포기했던 바로 그것들을 달라고 나에게 기도하고 간구한다네! 그들은 평화나 지고의 기쁨은 구하는 법이 없다네. 바라는 것이라고는 오로지 많은 돈이나 권력, 아니면 그들의 자녀가 시험에서 좋은 성적을 얻는 것뿐이라네.

그들은 커다란 집을 짓고는 나의 집이라고 말하지. 하지만 그건 사람들이 오며 가며 음식이나 바나나, 쌀, 돈 같은 것들을 내는 장소에 지나지 않는다네. 자기들이 쓸 더 많은 돈을 벌 수 있게 해 달라고 빌면서 말이네. 사람들은 나의 동상을 만들어서 거기 돈 같은 온갖 것들을 붙이지. 그들이 내 생일을 축하할 때 어쩌는지 아는가? 내 동상을 차 지붕 위에 올려서는 온 시내를 조심성 없이 달리지. 그러는 동안 내 몸이 마구 흔들리는 거야. 나는 한 번도 차를 타기를 원한 적이 없다네. 이러니 붓다로 있는 것도 그리 행운이라는 생각은 들지 않네. 서로 자리를 바꿔 보는 건 어떤가 친구?"

아난다는 마라가 그 말에 동의 할까 봐 겁에 질렸습니다. 하지만 다행히도 그런 일은 일어나지 않았지요. 그리고 붓다께서 말씀하셨습니다. "이보게 마라, 그냥 자네 일을 하게. 할 수 있는 한 최선을 다하게. 나는 내 일을 하겠네. 세상에 쉬운 일이 어디 있겠나. 마라 일이 매우 힘들다는 건 잘 알고 있네. 하지만 붓다로 지내는 것도 어려운 건 마찬가지일세. 우리 각자 온 마음을 다해 서로 맡은 바 역할을 다해야만 하지 않겠나."

인생에 시련과 시험이 없을 수 없습니다. 두 번째 화살을 스스로에게 쏘아대며 에너지와 시간을 낭비하지 않는다면 그런 세상을 더 능숙하게 헤쳐 나갈 수 있습니다. 이웃집 마당의 잔디가 내 집의 것보다 더 푸르게 보이는 우를 범하지 마세요.

5

행복을 기르는
다섯 가지 연습

그 모든 고통이 끝나야만 행복해질 수 있는 게 아닙니다. 행복은 바로 여기, 지금 이 순간 가능합니다. 다만 행복의 개념은 바꿀 필요가 있을는지 모르겠습니다. 우리가 생각하는 행복이란 개념 자체가 진정한 행복을 가로막는 주요 장애물일 수 있습니다.

바닷속 깊은 곳에서 굴이 서식하고 있습니다. 그것들은 눈이 없지요. 한 번도 푸른 하늘이나 별들을 본 적이 없습니다. 우리에게는 눈이 있지요. 저 위 아름다운 하늘을 볼 수 있습니다. 하지만 종종 우리가 가진 것을 감사히 여기지 않습니다. 대부분의 시간 동안 그냥 무시하고 지내지요. 지금 여기에서 행복해 할 이유는 당신과 제가 전부 셀 수 없을 정도로 많습니다. 책 한 권을 읽을 수 있다면, 단어를 읽고 이해할 수 있다는 것만으로 이미 누구보다 훨씬 행운아입니다.

기쁨과 행복의 차이

기쁨과 행복을 둘 다 경험할 수 있습니다. 붓다의 가르침에서는 그 둘을 분명하게 구분하고 있습니다. 기쁨에는, 여전히 약간의 흥분이 들어 있습니다. 마실 물이 떨어져 가는 중에 사막 한가운데를 걷고 있는 사람을 생각해 봅시다. 그런데 어느 순간 눈앞에 오아시스 – 아름다운 그늘을 드리우는 나무들과 깨끗한 물 – 가 보입니다. 그럼 그는 기쁨을 느끼겠지요. 드디어 도착하여 물가에서 실제로 물 한 잔을 들이킬 때, 이는 행복입니다. 둘은 동시에 경험이 가능합니다.

여기서 제시하는 방법은 단순합니다. 숨을 들이마시며, 마음을 육체로 되돌리고, 자신을 지금 이 순간 여기에 굳건히 세웁니다. 그러고는 주위에 어떤 것이 있는지 알아차립니다. 그럼 기쁨과 행복이 어렵지 않게 솟아납니다. 지금 이 순간 가용한 모든 긍정적 요소들을 인식할 테니까요.

어째서 붓다는
명상을 지속하는가?

어린 승려 시절 저는, 어째서 붓다께서 깨달음 이후에도 계속 마음챙 김과 명상을 수행하셨는지 궁금했습니다. 지금은 그 해답이 너무 평범해 보임을 알았습니다. 행복은 영원하지 않습니다. 다른 모든 것들과 마찬가지로 말입니다. 행복이 확장되고 다시 새롭게 되려면, 행복을 되먹이는 방법을 배워야 합니다. 그 어떤 것도 음식 없이 살아남지 못한다 하였으니, 행복도 마찬가지입니다. 행복에 자양분을 주는법을 모른다면 당신의 행복은 사라질 수 있습니다. 꽃 한 송이를 꺾었는데 물병에 넣지 않으면, 수 시간 내로 시들어 버릴 것입니다. 이미 행복이 피어난 상태일지라도, 거기에 자양분을 계속 주어야만 합니다. 때로 이를 길들이기라고 부르는데, 매우 중요합니다. 몸과 마음을 행복에 길들일 수 있습니다. 여기에는 다섯 가지 연습이 있습니다. 흘려보내기, 긍정의 씨앗 초대하기, 마음챙김, 집중, 그리고 통찰이 그것입니다.

첫 번째 연습
흘려보내기

기쁨과 행복을 창조하는 첫 번째 방법은 벗어던지기, 놓고 떠나가기입니다. 흘려보낸 후에 찾아오는 일종의 기쁨이 있습니다. 우리 중 많은 이가 너무나 많은 것들에 묶여 살고 있습니다. 그러면서 이것들이 우리의 생존에, 안전에, 그리고 행복에 필요한 것이라 믿지요. 하지만 이것들 중 많은 부분 - 좀 더 정확히 말하자면, 그것들이 진정 필요한지에 대한 우리의 믿음 - 이 실제로는 기쁨과 행복의 걸림돌일 뿐입니다.

때로 특정한 경력, 학위, 연봉, 집, 또는 배우자를 갖추는 것이 자신의 행복에 필수적이라 생각합니다. 그것이 없이는 앞으로 나아갈 수 없다 생각하지요. 이미 그 조건을 성취했어도, 그런 배우자를 만났어도, 당신은 계속 고통받습니다. 그동안 성취해온 그 모든 상패와 트로피를 흘려보내면 상태는 더 악화할 것이란 두려움도 여전히, 동시에 느낍니다. 이제껏 매달렸던 목표들 없이는 더 비참해질 뿐입니다. 그래서 들고 있을 수도, 버릴 수도 없는 지경에 처합니다.

그 두려움에 찬 집착을 깊이 살펴보면, 기쁨과 행복에 있어 실은 그것들이야말로 장애물이었음을 깨닫습니다. 당신에게는 흘려보낼

능력이 있습니다. 때로 흘려보내는 데 많은 용기가 필요합니다. 하지만 일단 흘려보내면, 행복이 번개같이 나타납니다. 그것을 찾아 여기저기 헤맬 필요도 없지요.

당신이 도시 사람인데 교외로 주말여행을 떠났다고 상상해 봅시다. 대도시에 살면, 소음, 먼지, 공해, 악취가 많습니다. 하지만 흥분되는 일과 기회도 많지요. 어느 날 친구 하나가 한 이틀 여행을 떠나자며 당신을 꾀어냅니다. 처음엔 이렇게 말하겠지요. "안 될 것 같은데. 해야 할 일이 너무 많아. 어쩌면 중요한 연락을 받지 못할지도 모르고." 하지만 결국 그는 당신을 꾀어내는 데 성공하고, 한두 시간 후에는 한적한 교외 어느 곳에 서 있는 자신을 발견합니다. 탁 트인 공간에, 푸른 하늘, 그리고 산들바람이 볼을 간질입니다. 도시를 뒤로하고 올 수 있었다는 사실로부터 행복이 탄생하는 순간입니다. 만약 떠나지 못했다면, 어떻게 이런 종류의 기쁨을 경험할 수 있었겠습니까? 흘려보내는 법을 배워야 합니다.

●

자신의 소를 놓아주기

어느 날 붓다께서 일단의 승려들과 숲속에 앉아 계셨습니다. 그들은 방금 탁발을 다녀온 터라 함께 마음챙김하며 점심 식사를 나눌 참이었습니다. 이때 심란해 보이는 한 농부가 다가왔습니다.

그가 붓다께 물었습니다. "스님, 혹시 여기 소들이 지나가는 것 보지 못했습니까?"

"무슨 소 말이오?" 붓다께서 대답했지요.

"그게 말입니다⋯." 농부가 말합니다. "제게 소 네 마리가 있는데, 이유는 모르겠습니다만, 오늘 아침 그놈들이 모두 도망을 쳤습니다. 제가 또 참깨밭을 조금 갖고 있습니다. 그런데 올해는 곤충들이 낱알을 몽땅 먹어 치워 버렸지 뭡니까. 모든 걸 잃었습니다. 곡식이며 소며, 정말 죽을 것 같습니다." 붓다께서 말했습니다. "친구여, 우리가 거의 한 시간을 여기 앉아 있었지만 소가 지나가는 것을 보지는 못했습니다. 아마도 다른 길을 둘러보는 것이 좋을 것 같습니다." 농부가 사라지자, 붓다께서 좌중을 둘러보며 의미심장한 웃음을 띤 채 말했습니다. "친구들, 우린 정말 행운아들입니다. 잃어버릴 소가 없지 않습니까."

제가 아는 부유한 한 여성이 있습니다. 뉴욕에 살면서 자신의 건물 옆에 땅을 구입했지요. 그녀는 그 땅에 아파트 단지를 지어서 그것을 팔아 많은 돈을 벌고자 했습니다. 한 친구가 그녀를 방문해 창문가에 서서 밖을 내다보았습니다. 조지 워싱턴 다리와 푸른 하늘이

어우러지는 아름다운 경치였습니다. 땅을 구입한 그 여성을 돌아보며 친구가 말했습니다. "아파트 단지는 짓지 마. 그럼 이 아름다운 경치를 더 이상 보지 못하잖니. 이웃들도 더 이상 이 경치를 못 보고. 파란 하늘이랑 강을 더 이상 볼 수 없게 된다고. 단지 여기 서서 밖을 쳐다보기만 해도 이미 행복해질 수 있지 않니. 이 모든 행복과 아름다움을 잃으면 돈 좀 더 버는 게 무슨 소용이 있겠어?" 그 여성은 이 조언을 귀담아들을 수 있었습니다. 결국 건물을 짓겠다는 계획을 바꾸게 되었지요. 큼직한 소 한 마리 놓아 보냈습니다. 친구의 현명한 조언에 감사를.

우리가 데리고 다니는 가장 큰 소들 중 하나가 행복에 대한 좁은 소견입니다. 단지 신념이나 견해만으로도 고통받을 수 있습니다. 또한 언젠가 그 소견을 놓아줄 수 있게 되는 그 순간까지 고통은 계속됩니다. 물론 놓아버리면 즉시 행복을 느끼지요.

나라 전체가 한 마리 소에 사로잡힐 수도 있습니다. 인구가 수억인 나라도 이러저러한 것을 믿을 수 있습니다. 세계적인 강대국이 되기 위해 나라의 이데올로기는 결정적이다, 또는 초강대국이라는 위상은 국민들의 행복에 필수적이다, 라고 말입니다. 그렇기 때문에 그들은 이데올로기에 모든 것을 쏟아붓습니다. 그러고는 그것이 최선이자 유일한 길이라고 주장하지요. 국가는 자기들의 소들을 수백 년이라는 세월 동안도 견지할 수 있습니다. 그리고 그 기간 동안 국민들은 많은 고통을 겪지요. 그러다 결국 어느 날엔가, 마음을 바꿔 변화를 택하고는, 이제까지와는 다른 길로 갈 때 실제로 국가가 더 잘 돌아가고 더 많은 행복이 만들어진다는 것을 발견합니다. 모든 사람에게는 행복에 관한 각기 다른 개념이 있고, 그것은 지나치게 완고하고 딱딱해질 수 있습니다. 모든 사람이 놓아주어야 할 소를 데리고 다닙니다.

당신의 소를 놓아주는 연습을 해 보세요. 종이에 자신의 소들의 이름을 적어 내려갑니다. 자신이 생각하기에 본인의 웰빙에 결정적이라 여기는 것들을 적으세요. 이번 주에는 딱 한 마리만 놓아주는 것으로 시작할 수도 있습니다. 어쩌면 매번 한 마리씩 놓아주는 데 일 년씩 걸릴지도 모르지요. 더 많은 소가 풀려날수록, 더 많이 행복해지고 즐거워질 것입니다.

●

바디야(BADHIYA) 이야기

붓다의 사촌인 바디야라는 인물에 대한 이야기가 있습니다. 그는 현재의 인도 땅에 있던 샤키야 왕국의 어느 지방 총독이었습니다. 어느 날 붓다의 제자이자 승려였던 일단의 친구들이 찾아와 그에게 자신들의 공동체에 합류할 것을 권했습니다. 그는 망설였지요. 총독의 신분으로, 많은 병사를 거느리고, 많은 재산도 소유하고, 또 매우 강력한 지위도 있었으니까요. 하지만 결국 친구들이 그를 설득했습니다. 그는 모든 것을 뒤로 한 채 빈손으로 숲으로 들어갔습니다. 그곳에서 승려의 삶을 살 것을 붓다께 서약했지요. 이제 더 이상 멋진 저택 따위는 없었습니다. 겨우 세 벌의 가사와 발우 하나, 그리고 앉을 깔개 하나가 전부였지요.

어느 날 밤, 바디야가 나무 발치에서 명상을 하고 있었습니다. 별안간 그가 중얼거렸습니다. "오 나의 행복이여, 오 나의 행복이여." 그때 다른 승려가 가까이 앉아 있었습니다. 승려는 바디야가 총독으로서의 지위를 포기한 것을 후회하고 있는 것이라 생각했습니다. 그래서 이른 아침 붓다에게 찾아가 보고했지요. "스승이시여, 제가 지난밤 늦게 앉아 명상 중이었습니다. 그런데 별안간 승려 바디야가 외치는 소리를 들었지요. '오 나의 행복이여, 오 나의 행복이여.'라고 말입니다. 그에게 문제가 좀 있다고 생각됩니다."

붓다께서 수좌를 시켜 바디야를 부르셨습니다. 일단의 승려들 앞에서 붓다께서 말씀하셨습니다. "바디야여, 어젯밤 명상 중에 '오 나의 행복이여, 오 나의 행복이여!'라고 외친 것이 사실인가?" 바디야가 답했습니다. "그렇습니다, 고귀한 스승이시여. 제가 그렇게 두 번 말했습니다."

"그 밤중에 어째서 그렇게 외쳤는지 우리에게 설명해 줄 수 있겠나?" 붓다께서 물으셨지요.

바디야는 말했습니다. "스승이시여, 제가 총독이었을 때 저의 궁전을 수백 명의 병사들이 지키고 있었습니다. 그럼에도 저는 여전히 아주 불안했지요. 강도들이 들어와 저를 죽일지 아니면 적어도 저의 귀중한 물건들을 가져가지는 않을지 걱정했습니다. 그리하여 낮이건 밤이건 두려움 속에서 살았지요. 그런데 어젯밤 이제 저에게는 아무것도 잃을 것이 없음을 깨달았습니다. 숲속 나무 발치에 앉아, 제 평생 그렇게 안전하다 느낀 적이 없었습니다. 아무 권력도, 재산도, 빼앗을 보석도 없기에 더 이상 그 누구도 저를 죽이고자 하지 않습니다. 저는 아무것도 가진 것이 없습니다. 하지만 드디어 모든 것을 갖게 되었습니다. 이제 그토록 거대한 행복과 자유에 닿아 있으니까요. '오 나의 행복이여. 오 나의 행복이여!'라고 외친 이유가 그것입니다. 누군가 방해받았다면 죄송할 뿐입니다."

두번째 연습
긍정의 씨앗 초대하기

우리는 저마다 무의식 속에 많은 종류의 '씨앗'을 지니고 있습니다. 개중에 물을 준 씨앗은 싹이 틀 것이고, 그럼 그것이 의식되고, 밖으로 자라납니다. 그러므로 의식 안에는 지옥도 있고 천국도 있습니다. 자비롭고, 이해심 깊으며, 기쁨으로 충만할 수 있습니다. 만일 내면의 부정적인 것들, 특히 과거의 상처들로 인한 고통에만 관심을 준다면, 슬픔에 빠져 어떤 긍정적인 자양분도 얻지 못하게 됩니다. 적절하게 관심을 주는 방법을 연습할 수 있습니다. 내면에서, 그리고 주위에서 언제나 이용 가능한 긍정적인 것들과 교감함으로써 우리 안에 온전하고 건강한 자질들에 물을 주는 것이지요. 그것이 마음의 양식입니다.

고통을 돌보는 방법 중 하나가 그 반대 성향의 씨앗이 싹트게끔 초대하는 것입니다. 그 어떤 것도 반대 극 없이 존재할 수 없기에, 만일 교만의 씨앗을 갖고 있다면, 연민의 씨앗 또한 갖고 있습니다. 우리 모두 연민의 씨앗을 가지고 있지요. 매일 연민의 마음챙김을 연습하면, 내면에 연민의 씨앗이 강해집니다. 단지 그것에 집중만 하면 그것은 강력한 에너지 장으로 자랍니다. 연민이 자라면, 교만은 자연스럽게 사라집니다. 그것과 싸우거나 짓누를 필요가 없습니다. 부정적인 씨앗을 피해 좋은 씨앗에만 선택적으로 물을 줄 수 있습니다. 이것은 자신의 고통을 외면하라는 뜻이 아닙니다. 날 때부터 거기 있었던 긍정의 씨앗들이 관심을 받고 자양분을 얻을 수 있게끔 허용하라는 의미이지요.

●

세 번째 연습
마음챙김 기반의 기쁨

마음챙김은 고통을 적절히 다루어 그것을 달래고 변용시킬 때만 도움이 되는 것이 아닙니다. 그것은 삶에서 육체를 포함한 온갖 경이로움을 맛보게끔 돕습니다. 그러면 들이마시는 숨, 내쉬는 숨조차 모두 커다란 기쁨이 됩니다. 이제 진정으로 자신의 호흡을 즐길 줄 알게 되지요.

수년 전에, 제 허파에 출혈을 일으키는 바이러스가 들어온 적이 있었습니다. 객혈이 계속되었지요. 허파가 그 모양이니 숨을 쉬기가 힘들었습니다. 그렇기 때문에 숨 쉬며 행복해지기도 힘들었지요. 이후 치료를 거쳐 제 허파가 치유되었고 숨쉬기도 훨씬 좋아졌습니다.

지금은 숨을 쉴 때, 오직 필요한 것은 제 허파가 바이러스에 감염되었던 그때를 회상하는 것입니다. 그럼 호흡 하나하나가 진짜 맛있고, 정말 좋습니다.

마음챙김 호흡이나 걷기를 연습할 때, 우리는 마음을 육체로 되돌리고 지금 여기에 확고히 뿌리내립니다. 자신이 매우 행운아라고 느낍니다. 당장 쓸 수 있는 행복의 조건들을 그렇게나 많이 갖고 있으니까요. 기쁨과 행복이 즉시 찾아옵니다. 그러므로 마음챙김은 기쁨의 원천입니다. 마음챙김은 행복의 원천입니다.

마음챙김은 연습을 통해 종일토록 만들어 낼 수 있는 에너지입니다. 설거지할 때 마음챙김으로 할 수 있습니다. 저녁 요리도 마음챙김하며 할 수 있지요. 청소할 때도 마음챙김하며 할 수 있습니다. 그리고 마음챙김을 통해 본래 거기 있었던 수많은 기쁨과 행복의 조건들을 맛볼 수 있지요. 당신이 진정한 예술가입니다. 원할 때면 언제든 기쁨과 행복을 창조하는 방법을 알고 있습니다. 이것이 마음챙김에서 탄생한 기쁨과 행복입니다.

즐거운 앉기

앉기 명상은 치유와 기쁨의 순간을 만들어 낼 기회이기도 합니다. 끝을 알리는 종소리를 그저 기다리며 억지로 앉아 있는 시간이 아닙니다. 그건 낭비지요. 이는 인생에서 매우 희귀한, 아주 소중한 순간입니다. 다시는 돌아올 수 없을 순간이기도 하지요. 세상에 많은 사람이 그렇게 앉아 아무것도 하지 않을 시간을 가지지 못합니다. 그들은 그것이 경제적이지 못하다거나 일종의 사치라고 여깁니다. 이렇게 말하지요. "시간이 돈이야." 하지만 우린 알고 있습니다. 단순히 앉아 있음이 고유한 방식으로 매우 유익하고 위로가 될 수 있음을 말입니다. 그러므로 앉아 있는 매 순간을 어떻게 즐기는지 배워야만 합니다. 어떻게 숨쉬고, 어떻게 앉는지 말입니다. 그렇게 함으로써 앉아 있는 매 순간이 치유와 보양의 시간이 됩니다.

즐거운 걷기

많은 이들이 마치 영원한 서두름 속에 있는 듯합니다. 자신이 만드는 걸음을 즐기지 않습니다. 멈추어 마음을 자신의 호흡과 발걸음으로 되돌릴 때마다, 기쁨과 평화의 느낌을 만들어 낼 수 있고, 삶의 경이로움과 조우합니다. 우리의 몸은 경이로움입니다. 몸은 한 송이 꽃과 같습니다. 생명의 경이로움입니다. 살면서 만나지 못한 경이로움이 주위에, 그리고 내면에 너무도 많습니다. 늘 서두르기 때문입니다. 우리는 항상 뭔가를 찾고 있습니다. 어쩌면 약간의 행복일 수도 있겠지요. 그렇게 주변에 온통 존재하는 삶을, 생명을 놓칩니다. 좀비처럼 걸으며, 스마트폰만 응시하거나 생각 속을 헤매지요. 우리는 걸음을 즐기지 않습니다.

플럼 빌리지에서는 상가(Sangha)의 모두가 함께 걷기 명상을 합니다. 상가는 수행 공동체를 말합니다. 만약 누군가 "걷기 명상의 목적이 무엇인가요? 요점이 뭐죠? 왜 그런 수행을 합니까?"라고 묻는다면, 거기에는 몇 가지 대답을 줄 수 있습니다. 하지만 제게 있어 가장 좋은 대답은 이겁니다. "왜냐면 그게 좋기 때문이지." 저는 모든 발걸음을 즐깁니다. 모든 발걸음이 저를 행복하게 하지요. 자신이 만들어 가는 모든 발걸음을 즐기지 않는다면 걷기 명상은 아무 쓸모가 없습니다. 그건 시간 낭비입니다.

앉기 명상도 마찬가지입니다. 누군가, "앉아서 아무것도 하지 않는 게 무슨 소용이 있죠?" 하고 묻는다면 가장 좋은 대답은, "앉아 있는 걸 좋아해서."입니다. 앉기 명상 중 평화와 기쁨을 만들어 낼 수 없다면, 아무 소용없습니다. 하루에 열 시간을 앉아 있다 해도 도움이 되지 않습니다. **어떻게** 앉는지 배워 앉아 있는 동안 평화와 기쁨을 만들어 낼 줄 알아야 합니다. 어떻게 걷는지 배워 발걸음마다 즐길 수 있어야 합니다. 지구 위를 걷는 행위는 매우 경이로운 것입니다. 지구로부터 멀리 떨어져, 몇 달을 우주 공간에서 지내는 과학자들이 있습니다. 지구로 돌아왔을 때, 그들은 우리 행성에 다시 걸음 딛는 걸 너무나 행복해 합니다.

이는 걷기와 앉기의 품질에 관한 것입니다. 마음챙김과 집중이 더욱 양질의 숨쉬기와 걷기, 그리고 앉기를 만든다고 알려져 있습니다. 깨달음이란 언제나 그 어떤 것에 대한 깨달음입니다. 당신은 자신이 살아 있음을 **알아차립니다.** 그것으로 이미 깨달음입니다. 자신이 육체를 갖고 있음을 **알아차립니다.** 그것도 이미 깨달음입니다. 자신의 발이 튼튼해서 걷기를 즐기기 충분함을 **알아차립니다.** 이것 또한 깨달음이지요.

양치질을 할 때, 그것을 마음챙김으로 할 수 있습니다. 다른 건 생각지 않는 거지요. 오직 이빨 닦는 행위에 주의를 집중합니다. 양치질에 드는 시간은 2~3분 정도일는지요. 그 시간 동안 단순히 이빨과 칫솔에 마음챙김함으로써 기쁨과 행복의 에너지를 만들어 냅니다. 화장실에 갔을 때도, 볼일이 크든 작든, 그 시간을 온전히 즐기는 것이 가능합니다. 마음챙김이 모든 것을 바꿀 수 있습니다. 언제 어느 순간에든 진정으로 거기 머물며 하고 있는 일을 즐기게끔 해 줍니다.

많은 이들이 물질적 편안함과 정서적 편안함을 추구하는 데 삶을 쓰고 있지요. 자신이 결국 성공 – 돈도 충분하고 자신을 이해하고 사랑해 주는 누군가도 옆에 있는 – 했음을 알게 되는지 모르겠습니다만, 그럼에도 행복하지 않습니다. 어쩌면 그 이유가 마음챙김을 연습하지 않아서는 아닐까요. 마음챙김하면 이미 거기 있었던 수많은 행복할 이유를 눈치챌 터인데 말입니다.

●

행복한
아침을 위한 시

아침에 일어나 가장 처음 할 일은 무엇일까요. 한번 심호흡하고 또 하나의 새로운 24시간이 주어짐을 자각하는 건 어떨까요. 이는 선물 같은 삶입니다.

처음 승려가 되고 나서, 많은 시구들을 외워야 했지요. 그 시들은 마음챙김을 수행하는 데 도움을 주는 것들이었습니다.

그 첫 번째 시가 다음과 같습니다.

아침 일찍 일어나며 미소 짓네.
새로 받은 스물네 시간.
깊이 몰입하여 살리라 맹세하네.
그리고 주위의 모든 존재를 바라볼 때
연민의 눈으로 보리라 맹세하네.

네 부분으로 외웁니다. 첫 번째는 들이마시며 외웁니다. 두 번째는
내쉬며 하지요. 세 번째는 다시 들이마시며 합니다. 네 번째는 내쉬
며 하지요. 숨을 쉬면서, 시구를 낱말의 의미에 집중할 때 씁니다. 자
신에게 주어진 스물네 시간을 이렇듯 가능한 한 평화롭고, 기쁨에 차
고, 행복한 방법으로 살기를 기원합니다. 자신의 스물네 시간을 결코
낭비하지 않으리라 결심합니다. 그 스물네 시간은 선물 같은 삶이니
까요. 매일 아침 선물을 받는 셈입니다. 이것이 마음챙김입니다.
  새로 승려가 되면 종일 수행하며 외워야 하는 이런 시구들이 쉰
개가 넘습니다. 양치질하며, 조용히 시구 하나를 읊조립니다. 화장실
에서 볼일을 볼 때도, 해당하는 시구가 있지요. 가사를 걸칠 때에 외
우는 시구도 물론 있습니다. 마음챙김 수행이란 일상 속에 행하는 모

든 것에 깨어 있는 것입니다. 이는 매 순간 더 깊이 몰입하는 삶을 살기 위해서이고, 그럼으로써 시간을, 삶을 낭비하지 않는 것이지요.

●

행복 창조

우리는 마음챙김으로 어떻게 행복을 키우는지 압니다. 내면에 그리고 주위에 존재하는 경이로운 삶의 요소들과 곧바로 교감하는 것입니다. 헤맬 필요가 없습니다. 미래를 향해 달릴 필요도 없지요. 요건은 이미 거기 있습니다. 마음챙김을 통해 행복할 이유가 이미 충분하다는 사실을 발견할 수 있습니다. 충분을 넘어 넘치도록 있지요. 바로 지금 행복이 가능합니다. 걷는 행위만으로 찬양이 될 수 있습니다. 깨어 있는 상태로 호흡하면 그것이 찬양입니다. 그렇게 앉기만 해도 찬양입니다. 바로 삶에 대한 찬양입니다.

　마주치는 수많은 작은 슬픔들을 마음챙김으로 흘려보낼 수 있듯, 마주치는 수많은 작은 행복의 순간들 또한 맛보고 확장시킬 수 있습니다. 차 한 잔을 마시거나, 산책하거나, 아니면 그냥 앉아 먼 산을 바라볼 때, 그 시간 동안 행복을 창조할 수 있습니다. 사람들은 삶에 행복이 없다고 불평합니다. 삶에서 마주치는 수많은 작은 기쁨들을 찾아 그것들이 자라나도록 도울 필요가 있습니다.

졸업장과 학위, 긴 직함을 갖춘 재능 있는 사람들이 많습니다. 혁명적인 새 기계나 컴퓨터 프로그램을 발명할 수 있는 사람들도 있습니다. 그들에게 이렇게 묻고 싶네요, "행복의 순간을 창조할 수 있나요?" 그 방법을 안다면, 진정 유익한 뭔가를 창조할 수 있습니다.

수프를 만들기 위해서는 약간의 물, 약간의 채소, 약간의 두부, 그리고 이것저것 조금씩 필요합니다. 그냥 몇 가지 단순한 재료들만 있으면 훌륭한 수프를 만들 수 있습니다. 대단한 것이 필요치 않지요. 작은 행복은 이런 수프와 같아요. 그저 몇 가지 재료, 열린 마음, 그리고 약간의 재치만으로, 자신과 옆 사람에게 행복의 순간을 만들어 줄 수 있습니다. 다른 누군가에게 우리가 만든 맛있는 수프를 제공할 수 있지요. 행복의 순간을 창조하는 법을 알면, 우선 자신이 그 행복을 즐기게 되고, 다른 사람과 그것을 나눔으로써 행복을 배가시킬 수 있습니다. 일상의 작은 행복을 맛보고 즐거워하는 것, 그것이 행복의 기술입니다.

지금 이 순간 당신이 행복해 할 수 있는 모든 이유를 종이 위에 써 볼 것을 제안합니다. 한 페이지로는 부족할지도 모릅니다. 두 페이지도 부족할지 모릅니다. 서너 페이지도 부족할지 몰라요. 이 모든 요소들을 다시 확인할 때, 행복을 창조하는 일은 너무 쉽습니다.

네 번째 연습
집중

집중은 마음챙김으로부터 탄생합니다. 집중은 돌파하는 힘이며, 고통의 원인을 불태워 버려 그 자리를 기쁨과 행복이 대신하게끔 합니다.

이 순간에 머물기 위해서는 집중이 요구됩니다. 미래에 대한 불안과 걱정이 우리를 낚아챌 채비를 하고 언제나 거기 있지요. 그것들을 볼 수 있고, 알 수 있으며, 이 순간으로 돌아오는 데 집중을 사용합니다.

집중력이 있다면, 많은 에너지를 가진 것입니다. 따라서 과거의 고통이나 미래에 대한 두려움이란 환상에 끌려가지 않습니다. 삶의 경이를 맛보며 현재에 굳건히 머물러, 기쁨과 행복을 만들어 내지요.

집중은 언제나 어떤 것에 대한 집중입니다. 느긋하게 자신의 호흡에 집중하면, 이미 내면의 힘을 함양하는 중입니다. 의식을 되돌려 호흡을 느낄 때는, 정성을 다해 호흡에 집중하세요. 집중은 고된 노동이 아닙니다. 스스로 긴장하거나 엄청나게 애쓸 필요가 없습니다. 행복은 가볍고도 손쉽게 생겨나니까요.

다섯 번째 연습
통찰

마음챙김으로, 내 몸에 긴장이 있음을 알아차리고 그것을 풀어내길 간절히 원하지만, 때로 잘 안 되는 경우가 있습니다. 이럴 때 필요한 것이 통찰이지요.

통찰이란 거기 무엇이 있는지 보는 것입니다. 질투나 분노 따위의 괴로운 감정으로부터 자신을 해방시켜 행복으로 이끄는 명료함입니다. 통찰은 누구에게나 있지만, 이를 행복을 증진시키는 데 쓰는 것이 언제나 되지는 않지요.

가령, 뭔가가(어떤 갈망, 원한) 행복에 장애물임을, 그것이 불안과 두려움을 야기한다는 것을 알고는 있습니다. 그것 때문에 밤잠을 설치기에는 너무 아깝다는 것을 알고 있지요. 그럼에도 그에 집착하며 시간과 에너지를 허비하곤 합니다. 우리는 마치 예전에 낚시를 당한 경험이 있어 미끼 안에 바늘이 들어 있다는 걸 알고 있는 물고기 같습니다. 그 통찰을 쓸 수 있다면, 물고기는 미끼를 물지 않겠지요. 물면 낚시를 당할 것이 분명하니까요.

우리는 이따금 갈망이나 원한 같은 미끼를 그냥 물어 버립니다.

바늘에 꿸 것을 알면서도 말입니다. 신경쓸 가치가 없는 그런 상황에 붙잡히고 집착합니다. 마음챙김과 집중이 있다면, 통찰 또한 분명히 거기 존재합니다. 이를 통해 우리는 미끼로부터 벗어나 자유를 얻습니다.

꽃가루가 날리는 봄철이면, 어떤 이들은 알레르기 때문에 힘든 시간을 보냅니다. 숨쉬기가 힘들어, 한 10킬로미터쯤 뛰는 건 고사하고 그냥 앉거나 누워 있는 것도 버겁습니다. 그렇기에 겨울이 왔을 때 춥다고 불평하는 대신, 봄에 밖에 나가기가 얼마나 힘들었는지 기억할 수 있습니다. 허파가 깨끗해져, 언제든 가볍게 나가 산책을 해도 숨을 잘 쉴 수 있지요. 과거의 경험을 일부러 상기함으로써 바로 지금 우리가 갖고 있는 것의 소중함을 알 수 있습니다.

누구라도 과거에 이런저런 일로 고통받았음은 분명하지요. 어쩌면 그 강도가 마치 지옥 같았을 수도 있습니다. 그 고통을 떠올릴 때, 거기 휩쓸리도록 자신을 그냥 두지 마세요. 대신 "바로 지금 난 얼마나 행복한가. 지금 그 상황에 있는 게 아니잖아. 행복해질 수 있다고." 라며 자신에게 상기시키는 데 쓰세요. 그럼 그것이 바로 통찰입니다. 그리고 그 순간 자신의 기쁨, 자신의 행복은 순식간에 자랍니다.

6

행복은
개인적 문제가
아닙니다

여기까지 우리는 자신의 고통이 우리 선조들, 사랑하는 이들, 그리고 지구별 자체와도 연결되어 있음을 살펴보았습니다. 그렇기에 자신의 행복은 결코 개인적인 문제가 아님을 알아야 합니다. 행복하게 숨쉴 수 있다면, 그건 선조들을 초대해 자신의 폐를 통해 함께 숨을 즐기는 것입니다. 즐기며 걸을 수 있다면, 즐거운 산책에 선조들을 초대한 셈이지요.

"이건 제 몸이에요. 이건 제 인생이라고요. 제 맘대로 할 수 있다고요."라고 젊은이가 부모에게 말한다면, 이는 절반만 맞는 이야기입니다. 자신이 부모의 연속임을, 나아가 선조들의 연속체임을 보지 못하는 것이지요. 몸이 오직 자신의 것만은 아닙니다. 선조들의 몸이기도 하지요. 몸은 자신의 국가, 민족, 문화, 그리고 선조들의 집합적 산

물입니다. 따라서 엄밀히 말하면 당신은 개인이 아닙니다. 일부일지라도 집합적인 존재지요.

엄청난 고통, 압도적인 고통을 겪는 이들이 있습니다. 그럼에도 그 고통을 어떻게 끝낼지 모르지요. 많은 경우 이들 고통은 아주 어릴 적 시작됩니다. 그럼에도 어째서 학교에서는 고통 다루는 법을 가르치지 않는 걸까요? 고통이 그토록 거대하면, 집중할 수도, 공부할 수도 없습니다. 우리 각자의 고통은 다른 이들에게 영향을 미칩니다. 고통을 잘 겪어 내는 기술을 서로 공유할수록 세상의 고통은 줄어들고 행복은 증가합니다.

마음챙김 빌리기

때로 고통이 너무 거대해서, 단지 한 사람만 인지해서는 부족한 경우가 있습니다. 고통이 우리를 압도할 만큼 위협적이라면 때로 도움을 필요로 하지요. 내면의 고통으로 꽉 막혔을 때, 이를 알아차리고 달래기 위해 마음챙김 수행자들로부터 집단적인 에너지를 빌려올 수 있습니다. 고통이 점점 커져 돌파할 수 없는 장애물처럼 보일 때, 다른 사람들의 지지를 끌어오는 법을 배울 수 있습니다.

함께 둘러앉아 마음챙김의 집단적 에너지가 우리의 고통을 알아차리고 달래게끔 하면, 깨달음이란 에너지의 강물에 한 방울의 물을 각자 보태는 셈이고, 기분은 훨씬 더 나아집니다. 아무 말도 행동도 필요하지 않습니다. 그냥 마음챙김의 집단적 에너지가 고통을 달래 주길 허용할 뿐입니다. 때로 손을 뻗어 직접 도움을 요청해야만 할 수도 있습니다. 그런 부탁을 해야 한다는 사실이 힘들 수도 있습니다. 하지만 우리가 요청하기만 하면, 다른 사람들이 기꺼이 돕고자 할 겁니다.

사랑하는 이가 고통받을 때, 가장 좋은 것은 함께 앉거나 걷는 겁니다. 그렇게 자신의 마음챙김 에너지와 평화를 제공합니다. 그럼 그들을 조용히 진정시키고 고통을 달랠 수 있습니다. 마음챙김 속에서 걷고, 말하고, 숨을 쉼으로써 그들 내면의 우는 아이를 보살핍니다.

타인의 슬픔에 함께하기

누군가를 사랑할 때, 우리는 상대방이 행복해 할 뭔가를 주고 싶어하지요. 이 수행에 따르면, 사랑하는 이에게 줄 수 있는 가장 가치 있는 건 바로 당신의 존재입니다.

하지만 거기, 당신이 존재하지 않는다면 어떻게 사랑할 수 있겠습니까? 사랑하기 위해서는 거기 존재해야만 합니다. 거기 존재하는 것이 일종의 수행이 됩니다. 몸은 함께하지만 마음은 어딘가 다른 곳에 있는 경우가 정말 많지요. 자신의 생각, 두려움, 슬픔 속에 빠져 헤맵니다. 그녀를 위해 거기 있지 않지요. 그러니 숨을 들이마시며 들숨에 주의를 집중하세요. 마음이 육체로 되돌아와 현재에 머뭅니다. 단순히 거기 있는 것, 그것이 수행에서 가장 중요한 부분입니다.

진정으로 거기 있을 때, 비로소 사랑하는 이에게 다가갈 수 있습니다. 눈동자를 깊이 쳐다보며 말하지요, "나는 당신을 위해 여기 있소." 사랑하는 이에게 줄 수 있는 가장 소중한 것은 자신의 현존입니다. 슈퍼마켓에서 살 수 있는 그런 물건이 아니죠.

●

집단적 고통, 집단적 기쁨

사람들이 함께 모여 집중과 연민, 마음챙김의 에너지를 만들어 낼 때, 거기에 어떤 모종의 건전한 집단의식이 생겨납니다. 이를 사용하면 이롭습니다. 독일에서 강연을 했을 때입니다. 거기 천여 명의 사람들이 평화롭게 듣고 있었지요. 그중에 네 분의 수유 중인 젊은 어머니들이 포함되어 있었습니다. 아기 넷이 어머니로부터 모유를 받아 먹는 동시에 집단적인 평화의 에너지를 받아먹은 셈입니다.

2001년 9월 11일 테러가 있었던 그날, 저는 캘리포니아에서 대중 강연을 막 가지려던 참이었습니다. 당연하게도 미국 전역이 그 뉴스로 치를 떨었습니다. 분노와 두려움의 에너지가 엄청났고 전 그것을 느낄 수 있었지요. 그런 종류의 에너지가 우리에게 침투하여 해를 끼치게끔 허용하면 매우 위험합니다.

그래서 그날 밤 저는 강력한 감정을 추스르는 법에 대해 말씀드렸습니다. 어떤 공동체 구성원 전체가 걱정하거나 분노하면, 그 에너지는 매우 강력합니다. 당장 복수하고자 하는 욕망이 들끓지요. 하지만 분노와 두려움으로 인한 집단적 에너지에 떠밀린 행동은 대개 올바른 행동이 되지 못합니다. 파멸적인 전쟁을 너무나 쉽게 시작할 수 있지요.

●

유해한 환경에서 피난처 찾기

주위 사람 중에 연민을 수련하는 이들은 더 행복하고 더 지혜로울 가능성이 높습니다. 이는 개인으로뿐만 아니라 집단으로도 그렇습니다. 개개인의 잘 갈무리된 경험과 통찰은 집단적 통찰로 이어집니다. 이는 그 부분들의 단순 총합보다 더 현명합니다. 개인이 공동체 없이 어떤 변화를 만들어 내는 일은 더 어렵습니다. 병원이나 의원, 혹은 곤란에 빠진 사람들을 일상적으로 대면해야 하는 어떤 곳에서 일한다면, 연민을 익혀야만 합니다. 당신이 그렇다면, 같이 일하는 동료들의 지원이 훨씬 더 큰 치유효과를 만들어 낸다는 것을 알 겁니다. 좋은 환경이 우리 내면에서 최고의 것들을 이끌어 냅니다. 유해한 환경은 내면에서 최악의 것들을 가져오지요.

모든 이들에게 지지를 위한 마음챙김의 공동체가 필요합니다. 우리가 속한 사회가 어떤 곳이든 치유의 환경을 창조하기 위해 함께 동참하여야 합니다. 우리 가족, 우리 교실, 그리고 우리 일터는 모두 마음챙김의 공동체가 될 수 있습니다. 함께 가며 즐겁게 마음챙김 호흡을 연습하면, 연민과 마음챙김의 집단 에너지를 만들어 냅니다. 그리고 그것은 건전하고 매우 강력하지요. 일상에서 많은 이들이 해로운 환경에 있습니다. 그것은 의심과 경쟁, 탐욕과 질투를 상호 간에 증진시키는 환경입니다. 우리는 환경을 일종의 음식처럼 이용합니다. 그리고 음식처럼 해롭거나 이로운 요소들이 몸에 스며들지요.

가족을 부양해야 하거나 재정적 필요라는 현실 때문에 부정적인 환경에 있음을 알면서도 빠져나오지 못할 수 있습니다. 그런 경우, 스스로가 긍정적인 변화를 위한 힘이 될 수 있습니다. 우선 자신만의 안전한 항구를 만들어 내는 것으로 시작하세요. 그것이 방 한구석, 책상 한 귀퉁이라도 좋습니다. 온라인으로 당장 가입할 수 있는 건전한 공동체들도 있습니다. 희망을 잃지 마세요.

어떤 환경에 처해도 연민이 가능함을 보여 주는 그런 방식으로 살아갈 수 있습니다. 비록 미약할지라도, 스스로 표본이 되세요. 다른 사람들이 그로부터 배울 수 있습니다. 사람들로부터 두려움, 갈망, 폭력성을 덜어 주는 가장 좋은 방법은, 거기 다른 길이 있음을 몸소 보여 주는 것입니다. 사랑이 시들어 미움이 되었다면, 바로 당신이 미움의 쓰레기를 비료로 삼아 사랑의 꽃을 다시 피워 낼 수 있습니다.

●

집단 행위

함께 모여 마음챙김에 헌신하면 – 함께 숨쉬고, 함께 걷고, 함께 세상의 고통을 덜어 줄 이로운 일들을 하면 – 이는 긍정적이고 집단적인 행위로서 매우 강력할 수 있습니다. 집단적인 행위 속에서도 개인적인 면면을 볼 수 있습니다. 다른 사람들과 다르게 앉는 사람도 있고, 집중을 더 쉽게 해 내는 사람도 있으며, 주위의 도움이 더 필요한 사람들도 있지요. 집단 속에서 우리는 개인을 볼 수 있고, 개인 속에서 감추어진 집단을 볼 수 있습니다. 절대적인 개인성이란 없습니다. 절대적인 집단성 또한 존재하지 않지요.

공동체와 세상에서 고통을 줄이기 위해 할 수 있는 일을 불교에서는 선행(Right Action, 正業)이라고 합니다. 슈퍼마켓만 가도 선행을 할지 말지 선택할 수 있지요. 학교를 다닐 기회도 갖지 못한 어린이들이 만든 물건을 팔고 있을 수도 있습니다. 해로울 수 있는 재료로 만들어진 물건을 팔 수도 있지요. 우리는 집단적 전체(collective whole)의 일부이고, 무엇을 소비하는가라는 이들 개개인의 결정도 집단의식에 영향을 미칩니다.

아이들과 함께 철물점에 갔던 날이 생각납니다. 가게 안의 모든 물건을 구경했지요. 우린 단지 못 몇 개가 필요할 뿐이었고, 사전에 필요한 것 외에는 사지 말자고 합의한 상태였지요. 가게에서 한 시간이 넘게 있으면서 그곳에서 파는 각종 물건의 원리와 효과에 대해 배웠지만, 딱 한줌의 못만 구입하고는 나왔습니다. 일종의 특별 집단 행위로서 그렇게 했던 것이지요. 물론 딱 한 가지 물품만 사는 데 매번 그렇게 한 시간씩 허비할 필요는 없습니다. 하지만 집에 있는 물건들이 아이들의 고통스러운 노동이나 해로운 환경이 주입된 것이 아니라는 걸 알면 훨씬 행복한 느낌이 들겠지요.

전 세계는 우리의 영역

딱 자신의 고통과 행복까지 책임지면 된다고 생각할 수 있습니다. 하지만 우리의 행복은 세상의 행복을 증진시키고, 우리의 고통이 곧 세상의 고통입니다. 베트남에는 마라에 관한 옛날이야기가 있습니다. 마라는 산만함, 집착, 그리고 절망을 인격화한 것입니다. - 일전에 했던 얘기에서 아난다가 붓다의 동굴에서 내치려고 했던 그 인물이지요.

붓다의 깨달음 이전 마라의 통치하에서, 세계에는 전쟁과 폭력이 넘쳐났다고 합니다. 사람들의 고통은 어마어마했습니다. 하지만 사람들은 스스로 떠올렸지요. "마라가 존재한다면, 붓다 또한 존재한다. 그러니 걱정할 필요가 없어. 결국 붓다는 출현할 테니까."

붓다께서 깨닫던 그날, 그는 너무도 고요히 앉아 있었지요. 마라가 말합니다. "이렇듯 고요히 앉아 있는 이는 누구인가?" 마라는 붓다를 방해하지 않았습니다. 계속 앉아 있을 수 있도록 허용했지요. 명상이 끝나고, 붓다께서는 일어나 걷기 시작했습니다. 그 걸음은 자유롭고, 평화롭고, 주의가 깊었지요. 마라가 물었습니다, "당신은 누구인가? 여기 있는 이유가 무엇인가?"

붓다께서 말합니다. "내게는 지구가 아름다운 장소로 보인다. 눈앞의 모든 것이 사랑스럽구나. 이른 아침의 이 아름다움이란. 오후와 저녁 또한 아름답구나. 내게는 이 모든 것이 기적이고, 그렇기에 행복하다. 어떤 소유물도, 재물도 필요치 않다. 그 무엇도 필요치 않다. 고요히 앉을 수만 있다면, 이 아름다운 행성 위를 걸을 수만 있다면."

마라가 생각하기에 이건 그리 손해 보는 요구가 아니었습니다. "오케이. 원하는 만큼 앉고, 원하는 만큼 걸어도 좋다." 그가 말했지요.

며칠 후에 붓다께서 물었습니다. "내게 친구가 약간 있네. 실은 1,250명 정도 되지. 그들은 모두 앉기를 원한다네. 마음챙김하면서 걷고 싶어하기도 하지. 이 근방에 머물면서 평화롭게 마음챙김하며 걷고 앉아도 되겠나?" 마라가 말했습니다, "물론이지, 앉고 걷기라니, 문제될 것 없네. 앉기 명상과 걷기 명상을 하려면 얼마나 많은 공간이 필요하겠는가?"

그 당시에는 쓸 만한 측량 장치도 없었습니다. 붓다께서 말했지요. "내게 가사가 세 벌 있네. 자네가 동의한다면, 한 벌을 벗어 최대한 하늘 높이 던지겠네. 가사가 만들어 내는 그림자 정도의 넓이라면 앉고, 걷고, 마음챙김하며 살아가는 데 충분하다고 보네."

마라가 말했습니다. "흠, 그렇다면 기껏해야 몇 마일 정도겠군. 오케이." 붓다께서 가사를 말아 하늘 높이 던졌습니다. 가사는 끝없이 높이 올라갔지요. 어느 순간 가사가 펼쳐졌습니다. 그렇게 가사가 만들어 낸 그림자가 지구 전체를 덮었습니다.

그 후로 붓다와 그의 제자들은 온 지구를 걸으며, 연민과 마음챙김을 갈고 닦고 사람들의 고통을 덜기 위해 애썼습니다. 이 지구 위에서 우리 모두가 같은 일을 할 권리가 있지요. 고통을 줄이고 행복을 늘리는 것입니다. 지구는 마라의 영역이기도 하지만, 동시에 붓다의 영역이기도 합니다.

●

행복의 기술

우리 수행의 핵심을 한마디로 말하자면 고통을 행복으로 변용시킴입니다. 복잡한 수행은 아니지만, 마음챙김과 집중, 그리고 통찰을 길러 내야 하지요. 무엇보다 우선 자기 자신으로 돌아오는 것이 필요합니다. 그럼 고통의 뿌리를 깊이 살피고 부드럽게 다루어 그것으로 평화를 만들어 냅니다. 쓸모없고 불필요한 고통을 흘려보내고, 두 번째 화살을 거두고, 우리가 갖고 있는 행복의 개념을 자세히 되살피는 것을 요구하지요. 마지막으로, 매일 행복에 자양분을 공급해야 합니다. 이는 자신을 위해, 또 주위의 다른 이들을 위해 이해와 인정, 그리고 연민을 가짐으로써 가능합니다. 우리는 이들 수행을 자신에게, 사랑하는 이들에게, 더 나아가 우리의 공동체에 제공합니다. 이것은 고통의 기술이자 행복의 기술이지요. 매 숨결마다, 우리는 고통을 완화하고 기쁨을 만들어 냅니다. 모든 발걸음마다, 통찰의 연꽃이 피어나지요.

Practices
for
Happiness

행복을 위한 실천

열여섯 가지 호흡 연습

이들 연습은 마음챙김 호흡에 관해 설명하고 있는 경전인 『안반수의 경(Anapanasati Sutra)』에서 가져왔습니다. 모두 열여섯 가지입니다. 처음 네 개는 우리 육체를 돌보기 위한 것입니다. 다음 네 개는 우리 감정을 위한 것이지요. 세 번째 네 개는 마음에 집중합니다. 네 번째 네 개는 마음의 대상에 집중하지요.

연습의 첫 번째 묶음이 주로 몸의 치유를 위한 것이기는 하지만, 이를 실천하면 동시에 즐거움, 자유로움, 기쁨이 마음속에 생겨납니다. 몸은 언제나 감정과 마음과 함께 표현되기 때문입니다.

마음을 입자들이 모여 만들어진 것이라 묘사할 수 있습니다. 마치 물방울 – 마음에서는 이를 정신적 형성(mental formation)이라고 부룹니다 – 이 모여 강물을 이루듯 말이지요. 마음이라는 강물 속의 물방울 하나하나가 정신적 형성입니다. 마음챙김, 집중, 자애, 그리고 통찰. 이 모든 것이 정신적 형성에 해당합니다.

네 번째 묶음은 마음의 대상에 집중한다고 말씀드렸습니다. 정신적 형성은 언제나 그 대상을 갖기 때문이지요. 분노는 언제나 무엇인가에 대한 분노입니다. 사랑은 누군가 또는 무엇인가에 대한 사랑이지요.

호흡 연습 / 묶음 1	내용
들이쉬며, 들이쉼을 나는 아네. 내쉬며, 내쉼을 나는 알지.	이 지극히 간단한 연습은 자신의 생각, 걱정, 그리고 두려움을 흘려보냅니다. 그리고 즉각적으로 커다란 자유를 느끼게 해 주지요.
들이쉬며, 첫 순간부터 들숨을 따라간다. 내쉬며, 마지막까지 날숨을 따라가네.	들숨과 날숨을 면밀히 따라가 봅니다. 시작부터 끝까지 놓치지 않습니다. 마치 손가락으로 종이 위에 그려진 선을 따라가는 듯합니다. 호흡을 자각하는 정도를 넘어, 호흡에 완전히 집중합니다.
들이쉬며, 온몸을 자각한다. 내쉬며, 몸 전체를 자각하네.	이 연습은 몸과 마음을 하나로 묶습니다. 그리고 자신은 진정으로 지금 여기에 확고히 자리 잡지요. 그러면 그것이 이 순간의 삶을 깊이 살아내는 것입니다.
들이쉬며, 고요한 나의 몸. 내쉬며, 고요한 나의 몸.	이 연습은 몸의 긴장을 풀어내기 위한 것입니다. 이완은 행복의 원천이지요.

호흡 연습 / 묶음 2	내용
들이쉬며, 나는 기쁨을 느끼네. 내쉬며, 또한 기쁨을 느낀다.	언제 어느 곳에서든, 우리는 마음챙김으로 기쁨을 느낄 수 있습니다.
들이쉬며, 나는 행복을 느끼네. 내쉬며, 또한 행복을 느낀다.	마음챙김을 통해 이미 우리가 가진 수많은 행복의 조건들을 알아차립니다.
들이쉬며, 아픈 느낌을 자각하네. 내쉬며, 아픈 감정을 자각하지.	고통스러운 느낌이나 감정이 나타나면, 거기 머무르며 그것들을 돌보아야 합니다. 마음챙김을 통해, 우리는 고통을 알아차리고, 그것을 어루만져 안도감을 얻습니다.
들이쉬며, 아픈 느낌을 진정시킨다. 내쉬며, 아픈 감정을 다독이지.	이 연습을 통해, 몸과 마음을 진정시키고 평화롭게 만듭니다. 몸, 마음, 느낌, 그리고 호흡이 하나가 됩니다.

호흡 연습 / 묶음 3	내용
들이쉬며, 나의 마음을 자각하네. 내쉬며, 나의 마음을 자각하지.	마음의 강물은 밤낮으로 흐릅니다. 정신적 형성들은 차례로 드러나지요. 우리는 거기 있으며 그것들이 나타날 때 그것을 알아차립니다. 그것들은 잠시 머물다가는, 이내 사라지지요.
들이쉬며, 내 마음 행복해지네. 내쉬며, 내 마음 행복하네.	선한 씨앗을 싹트게 함으로써 마음을 기쁘게 할 수 있습니다. 마음 정원의 풍경이 즐거워져 갑니다.
들이쉬며, 마음을 집중한다. 내쉬며, 나의 마음에 집중하지.	집중의 대상물에 각성을 유지합니다. 오직 집중만이 관념으로부터 우리를 해방시키고 통찰을 가져다줄 수 있습니다.

| 들이쉬며,
마음을 해방시킨다.
내쉬며,
마음이 해방되네. | 이 연습을 통해, 마음속의 모든 매듭을 풀어냅니다. 그 모든 미묘함 속에서 마음을 고요히 관찰합니다. 이를 통해 과거의 슬픔과 미래의 불안, 그리고 현재의 혼란과 인지적 오류 같은 장애물들로부터 자신을 해방시킵니다. |

| --- | --- |
들이쉬며, 일체법(dharma)이 근본부터 무상함을 보네. 내쉬며, 일체법의 무상한(impermanant) 본성을 확연히 보네.	무상함에 대한 집중은 심오하고 경이로운 명상의 길입니다. 이는 존재하는 모든 것들의 본성을 그 근본으로부터 파악하는 것이지요. 만물은 끝없는 변용 속에 있으며 그 어떤 것에도 자성(independent self)은 없습니다.
들이쉬며, 욕망이 스러짐을 본다. 내쉬며, 욕망이 스러짐을 확연히 본다.	자신의 욕망과 그 대상의 진정한 본성을 보며, 우리는 그런 대상들이나 미래에 달성하고자 하는 목표와 희망 같은 것들에 행복이 달려 있지 않음을 알게 됩니다. 만물의 무상함을 명료하게 목격합니다. 그것들은 존재로 왔다가 문득 사라질 뿐이지요.
들이쉬며, 멈춤. 내쉬며, 일체가 멈춤.	멈춤은 궁극의 실제를 직접적으로 경험함을 방해하는 일체의 오류투성이 생각과 개념들이 멈추는 것을 말합니다. 또한 무지로 인한 고통의 멈춤을 의미하기도 하지요. 그렇게 되면, 본래 그러할 뿐인(the way things are) 경이롭고 진정한 본성에 직접 가닿습니다.
들이쉬며, 놓아 버림을 본다. 내쉬며, 흘려보냄을 본다.	이 연습은 욕망과 집착, 두려움과 분노를 포기하기 위해 깊이 들여다볼 수 있도록 돕습니다. 현실을 놓아 버리는 것이 아닙니다. 현실에 대한 잘못된 인지를 흘려보낼 뿐이지요. 흘려보낼수록, 더욱 행복해집니다.

첫 번째 연습 묶음

첫 번째 연습은 호흡의 마음챙김입니다. "들이쉬며, 들이쉼을 나는 아네. 내쉬며, 내쉼을 나는 알지." 자신의 각성을 호흡으로 가져와, 모든 생각을 멈추고 오직 들숨과 날숨에 초점을 맞춥니다.

두 번째 연습입니다. "들이쉬며, 첫 순간부터 들숨을 따라간다. 내쉬며, 마지막까지 날숨을 따라가네." 이 연습은 마음에 초점을 맞춰 집중합니다. 자신의 들숨과 날숨을 처음부터 끝까지 끊어짐 없이 따라갑니다.

세 번째 연습입니다. "들이쉬며, 온몸을 자각한다. 내쉬며, 몸 전체를 자각하네." 이 연습으로 자신이 육체를 가지고 있음을 기억하고 자신의 몸으로 각성을 돌립니다. 몸과 마음을 하나로 묶는 것이지요. 들이쉬고 내쉼에 따라, 점차 자신의 몸을 더욱 각성하게 되고, 어쩌면 이 과정에서 몸 어딘가 긴장과 통증이 있음을 눈치챌 수도 있습니다. 그동안 긴장이 몸에 쌓이도록 내버려두었고, 그것이 몇몇 질환의 시작점이 되었을 수도 있습니다. 이것이 이들 긴장을 풀어낼 동기가 됩니다. 그리고 이는 호흡의 마음챙김 네 번째 연습에도 적용됩니다. "들이쉬며, 내 몸에 긴장이 풀려난다. 내쉬며, 몸에서 긴장이 놓아지네." 또는 "들이쉬며, 고요한 나의 몸. 내쉬며, 고요한 나의 몸." 긴장을 풀고 육체를 고요히 하는 데 도움이 될 약간의 통찰이 필요합니다.

두 번째 연습 묶음

다섯 번째 연습부터는 육체의 영역에서 감정의 영역으로 갑니다. 이제 기쁨을 만들어 낼 차례입니다. "들이쉬며, 기쁨의 느낌을 자각한다." 마음챙김 수행자라면 기쁨과 행복을 만들어 낼 수 있습니다. 그렇게 어렵지 않아요. 기쁨과 행복에는 약간의 차이가 있습니다. 기쁨에는 흥분과 기대라는 요소가 여전히 들어 있습니다. 반면 행복에는 편안함과 자유가 들어 있지요.

프랑스인들이 즐겨 부르는 노래가 있습니다. "뭘 꾸물거리나, 그냥 바로 행복하면 되는데?(Qu'est-ce qu'on attend pour etre heureux?)" 바로 지금 바로 여기서 즉시 행복할 수 있습니다. 자신의 마음을 육체로 되돌릴 때, 스스로를 현재에 확고히 세우게 되고, 그럼 본래 거기 있었던 수많은 삶의 경이로움을 알아차리게 됩니다. 내면에서도 주위에서도 말입니다. 너무나 많은 행복할 조건과 이유가 있기에, 기쁨과 행복의 느낌을 쉽게 창조할 수 있지요. 각각의 연습이 다음번 연습을 가능하게 만듭니다.

그래서 다섯 번째와 여섯 번째 연습은 행복의 기술 – 자신의 즐거움과 치유를 위해 기쁨과 행복을 만드는 법 – 을 표방합니다. 그다음 두 개의 연습은 거기 존재하는 고통을 알아차리고 돌보는 법에 대한 것입니다.

일곱 번째, "들이쉬며, 내 안의 아픈 느낌을 자각하네. 내쉬며, 아픈 감정을 자각하지."입니다. 이것은 일종의 기술입니다. 배워야만 하지요. 우리 대부분이 고통과 함께 있고 싶어하지 않기 때문입니다. 고통에 압도당할까 봐 두려워하기에, 언제나 그로부터 도망칠 궁리를 합니다. 우리 내면에 외로움, 두려움, 분노, 절망이 있습니다. 대개의 경우 뭔가를 소비함으로써 그것을 덮으려 합니다. 나가서 먹을 것을 찾는 이들이 있습니다. 또 어떤 이들은 텔레비전을 켭니다. 사실 많은 이들이 그 두 가지를 동시에 하지요. 텔레비전 프로그램이 전혀 재미있지 않을지라도, 감히 그것을 꺼버릴 용기가 없습니다. 만일 꺼버린다면, 다시 자기 자신으로 되돌아가 내면의 고통을 마주해야만 하기 때문입니다. 시장에 가도, 내면의 고통을 회피하려는 우리의 노력에 도움이 되는 여러 가지 물건을 팔지요.

하지만 이 수행과 가르침에 따르면, 우린 그 반대로 해야 합니다. 자신으로 돌아와 고통을 돌보아야 합니다. 고통에 압도당하리라는 두려움 없이 자신으로 돌아갈 방법은 주의 깊은 걷기와 호흡을 통해 마음챙김의 에너지를 만들어 냄으로써 가능합니다. 그 에너지로 무장함으로써, 내면의 고통스런 감정을 알아차리고 그것을 부드럽게 달랠 수 있습니다. 우는 아기에게는 자장가를 불러 주지요. 세 번째 연습이 "몸의 자각"이고 네 번째가 "몸을 진정시킴"이듯, 일곱 번째 연습은 고통의 감정을 알아차리는 것이고 여덟 번째는 고통을 달래고, 진정시키고, 완화하는 것입니다. 처음 여덟 개의 수행은 모두 간단하며, 일상에서 실행하기에 충분히 쉽습니다.

세 번째 연습 묶음

아홉 번째 연습입니다. "들이쉬며, 마음의 활동들을 알아차린다. 내쉬며, 마음의 활동들을 알아차린다." 마음챙김의 호흡을 계속 이어가면 정신적 형성들의 일어남이 알아차려지기 시작합니다. 그리고 그것들을 진정한 이름으로 불러 줄 수 있습니다. 가령 "분노"라든지 아니면 "기쁨"이라는 식이지요.

열 번째는 "마음을 기쁘게 함"입니다. – 마음이라는 토양에 들어 있는 건전한 씨앗에 접촉하여 물을 주는 것이지요. 그것들은 자신을 행복하게 만드는 정신적 형성 또는 에너지의 영역으로 자라날 수 있습니다. 이는 자신뿐 아니라 사랑하는 이들까지 이롭게 합니다.

열한 번째 연습은 "마음에 집중하기"입니다. 열두 번째는 "마음을 해방시키기"이지요. 집중은 산스크리트어로 사마디(samadhi)라고 하며, 돌파구를 만들어 너머에 무엇이 있는지 명료하게 목격하고 그 진정한 본성을 이해하게끔 만들어 주는 강력한 힘입니다. 당신이 만들어 낼 수 있지요. 대상은 조약돌, 나뭇잎, 구름, 그밖에 어떤 것도 상관없지만, 분노나 두려움도 가능합니다. 어떤 것이든 집중의 대상이 될 수 있습니다. 제가 보기에 과학자들 역시 집중을 수련한다고 생각됩니다. 무엇인가에 대해 더 깊은 이해를 얻으려면, 온전히 그것에 집중해야만 합니다. 하지만 여기서는, 집중 연습이 내면의 감정 – 두려움, 분노, 환상 – 들을 변용시킨다는 아주 특정한 목적과 목표를 가져야 합니다. 그럼 자유로워질 수 있습니다.

마지막 연습 묶음

열세 번째 연습은 무상함(impermanence)에 대한 집중입니다. 무상함의 통찰을 통해, 우리는 존재하는 모든 것의 상호의존적이며 무아(selfless)적인 본질을 목격합니다. – 그 어떤 것에도 분리되고 독립된 나는 없습니다.

열네 번째 연습을 통해, 모든 것이 끊임없이 존재했다가 해체되는 과정 속에 있음을 목격하고, 이에 따라 욕망의 진정한 본성을 알아차립니다. 이러한 통찰로, 우리는 더 이상 어떤 욕망의 대상에 집착하지 않고 어떤 현상도 불변하는 독립된 개체가 아님을 봅니다.

열다섯 번째 연습으로, 자신의 관념과 개념의 본성을 들어다보고 그것들을 놓아줍니다. 자신의 관념을 더 이상 붙잡고 있지 않을 때, 자유와 기쁨을 경험합니다. 이는 환상의 멈춤에 기인하지요.

열여섯 번째 연습은 욕망과 집착, 두려움과 불안, 증오와 분노에 추가적인 빛을 쪼여 그것들이 그냥 흘러가게끔 돕습니다. 만약 그것들을 흘려보내면, 자신을 행복하게 만들어 주는 것들을 잃는 것이라 여기는 경향이 우리에게 있지요. 하지만 그 반대가 진실입니다. 더 많이 흘려보낼수록, 더 많이 행복해집니다. 흘려보냄(내려놓음)은 모든 것을 포기한다는 의미가 아닙니다. 우리는 현실을 포기하지 않습니다. 다만 현실에 대한 잘못된 개념과 인지를 흘려보낼 뿐입니다.

둘

여섯 가지 진언

여섯 개의 진언(Mantras)은 사랑과 연민의 표현입니다. 이는 사랑하는 사람, 동지, 친구와의 관계 속에서 고통을 변용시키고 행복을 만들어 내는 데 매우 효과적입니다. 어린아이도 연습이 가능합니다. 우선 자기 자신을 대상으로 여섯 가지 진언을 연습할 것을 권합니다. 자신을 이해하고 사랑할 수 있을 때만이 타인을 이해하고 사랑할 수 있습니다.

진언은 일종의 마술 공식입니다. 진언을 읊조릴 때마다 상황을 순식간에 변용시킬 수 있지요. 기다릴 필요도 없습니다. 배우십시오. 그리고 적절한 때에 그것을 외우면 됩니다. 진언을 효과 있게 만드는 것은 마음챙김과 집중입니다. 진언을 외울 때 집중하지 않고 마음챙김하지도 않으면, 그것은 작동하지 않습니다. 하지만 누구나 마음챙깊과 집중이 가능하지요.

진언	내용
당신을 위해 내가 여기 있습니다.	이 진언은 수행일 뿐, 선언이 아닙니다. 누군가를 사랑한다는 것은 그 사람을 위해 거기 현존하는 것이지요. 하지만 우선 당신 자신을 위해 거기 현존해야 합니다. 연습은 당신의 진정한 현존을 실현하기 위함입니다.
당신이 거기 있음을 압니다. 그리고 그 사실에 매우 행복합니다.	이 진언은 자신이 사랑하는 사람의 현존을 인정하고 그가 여전히 생생히 존재함에 행복하다고 말하는 것입니다. 모든 사람이 자신이 사랑하는 이로부터의 사려 깊은 관심을 원합니다. 이 진언은 다른 사람을 즉시 행복하게 만듭니다.
당신이 고통받고 있음을 압니다. 그래서 제가 여기 당신을 위해 있지요.	이 진언은 타인이 고통받고 있는 것을 목격했을 때의 연습입니다. 지금 사랑하고 있다면, 사랑하는 이에게 어떤 일이 일어나는지 알 필요가 있지요. 그 사람을 위해 거기 현존한다면, 상대가 고통받는 즉시 그것을 눈치챌 것입니다.
저는 고통스럽습니다. 도와주세요.	이 진언은 자신이 고통받고 있으며 그것이 타인으로 인한 것이라 믿을 때를 위한 연습입니다. 그 사람에게 가서 집중과 마음챙김을 유지하며 이 진언을 외우세요. 조금 어려울 수도 있습니다. 상처받는 느낌일 테니까요. 하여 약간의 훈련이 필요합니다. 하지만 해낼 수 있습니다.
행복한 순간입니다.	다섯 번째 진언은 우리가 얼마나 운이 좋은지 상기하는 것입니다. 바로 지금 바로 여기서 쓸 수 있는 행복할 이유가 너무도 많기 때문입니다.
당신은 부분적으로만 옳습니다.	이 진언은 인간으로서 우리가 긍정적인 동시에 부정적임을 상기하기 위한 것입니다. 칭찬에 들떠서도, 비판에 움츠러들어서도 안 됩니다.

첫 번째 진언

첫 번째 진언은 "당신을 위해 내가 여기 있습니다."입니다. 연습하기 어렵지 않습니다. 누군가를 사랑한다는 것은 상대방을 위해 거기 현존한다는 의미입니다. 이것은 기술인 동시에 수행이지요. 만약 마음 챙김과 집중이 충분치 않다면, 자신을 위해서나 타인을 위해서나 백 퍼센트 거기 현존할 수 없습니다. 마음챙김의 호흡, 걷기, 앉기를 통해, 마음을 육체로 되돌리고 자신을 지금 여기에 완전히 정립할 수 있습니다. 자신의 진정한 현존을 회복하는 것이지요. 사랑한다면, 상대방에게 자신이 줄 수 있는 최고의 것을 제공해야 합니다. 우리가 줄 수 있는 최고의 것은 바로 진정한 현존입니다.

다른 사람을 위해 거기 현존할 때, 그것은 자신을 위한 것이기도 합니다. 그러므로 이 진언은 우선 자신을 위한 연습입니다. "당신을 위해 내가 여기 있습니다."는 나 자신을 위해 내가 여기 있다는 의미도 되는 것이지요. 마음이 육체로 되돌아와 자신이 육체를 갖고 있음을 알아차립니다. 이것은 우리가 잊었던 무엇입니다. 특히 일에 몰두할 때 그렇지요.

숨을 들이마시고 내쉬며 마음을 육체로 되돌림은 매우 즐거운 일이 될 수 있습니다. 호흡, 육체, 그리고 마음 모두를 즐깁니다. 그리고 그 순간 이미 다른 이들에게도 효과가 전달될 수 있지요. 그가 생각 속을 헤매고 있었거나 과거나 미래의 일로 걱정하고 있었을는지도 모릅니다. 진정으로 거기 현존하며 강력하게 진언을 읊조리면, 다른 사람도 스스로에게 돌아와 지금 여기 현존하게끔 돕는 것입니다.

사랑의 첫 번째 정의는 거기 현존함입니다. 이는 일종의 수행이지요. 말 그대로 거기 있을 수 없다면 어떻게 사랑할 수 있겠습니까? 사랑하기 위해서는 거기 있어야만 하고, 그 순간 몸과 마음은 하나가 되어야 합니다. 진짜 사랑꾼이라면 마음챙김 수행이 진정한 사랑의 토대임을 압니다.

두 번째 진언

두 번째 진언 또한 매우 강력하며 자신과 상대방 모두에게 행복을 줍니다. "사랑하는 그대여, 당신이 거기 있음을 압니다. 그래서 전 너무나 행복합니다." 이미 거기 진정으로 현존하기에, 너무나 소중한 상대방의 현존을 눈치챌 수 있는 위치에 있는 것입니다. "사랑하는 그대여, 당신이 거기 있음을 압니다."라고 말하면, 동시에 이렇게 말하는 셈입니다. "당신의 현존은 나에게 너무나 소중합니다. 그것은 저의 행복에 결정적이지요."

첫 번째 계단을 만들지 않으면 두 번째 계단을 만들 수 없습니다. 첫 번째 계단이 첫 번째 진언입니다. "저는 지금 여기 있습니다. 제 현존을 알아차립니다. 사랑하는 이여, 저의 현존을 당신께 바칩니다." 이것이 사랑하는 이에게 할 수 있는 최고의 선물입니다. 자신의 현존보다 소중한 것은 없습니다. 상대방을 위해 이런저런 것들을 살 수 있겠지만, 그것이 얼마나 비싸든 당신의 현존만큼 가치 있지는 않지요. 마음챙김을 통해 자신의 현존을 더 신선하고, 더 즐겁고, 더 사랑스럽게 만들 수 있습니다. 그렇게 멋진 현존을 사랑하는 이에게 선사한다면, 자신과 상대방 모두를 행복하게 만들 수 있습니다.

세 번째 진언

세 번째 진언은 다른 사람이 고통받고 있음을 알아차렸을 때 필요합니다. 세 번째 진언은 그가 즉각적으로 덜 고통스럽도록 돕습니다. 우선 자신의 현존을 회복시키기 위해 호흡, 앉기, 걷기를 연습해야 합니다. 그럼 준비가 된 것이고, 이제 그에게 다가가 말합니다. "자기야, 당신이 고통받고 있다는 걸 알아. 그래서 내가 여기 있잖아." 이것이 진정한 사랑입니다. 진정한 사랑은 마음챙김으로 만들어집니다. 마음챙김이 되면, 상대방에게 뭔가 일이 잘 돌아가지 않고 있음을 알기 때문입니다. 그것을 알아차릴 수 있으면, 도움이 되기 위해 뭔가 할 수 있습니다. "자기야, 당신이 고통받고 있다는 걸 알아. 그래서 내가 여기 있잖아." 이 말에 뭔가 하기도 전에 상대방의 고통이 즉시 누그러들 수도 있습니다.

고통받을 때 사랑하는 이가 자신의 고통을 무시한다면, 고통은 배가됩니다. 하지만 그가 당신의 고통을 인지하고 힘든 시기에 자신의 현존을 제공한다면, 그 고통은 즉시 줄어들지요. 약간의 안도감을 주는 데 그리 많은 시간이 들지도 않습니다. 당신과 관계 있는 다른 사람이 고통받을 때 이 진언을 쓸 수 있습니다.

네 번째 진언

네 번째 진언은 약간 더 어렵습니다. 특히 자존심이 강할 경우 그렇습니다. 네 번째 진언은 자신이 고통스러운데 그것이 다른 사람 때문이라 믿을 때 사용합니다. 이런 경우가 때때로 있지요. 완전한 타인인 사람이 그렇게 했다면 그리 불편하지 않습니다. 하지만 가장 사랑하는 이가 말이나 행동으로 상처를 주었다면 상황이 다르지요. 그런 경우에 더 깊이 상처받고 고통스러워합니다. 감히 자신에게 고통을 준 상대에게 응징하고 싶은 충동이 일어날 수도 있습니다.

고통을 받으면 그것이 상대방 때문이라 생각합니다. "그이는 날 사랑하지 않아. 그런데 내가 왜 그이를 사랑해야 해?" 상대방을 벌주고 싶어하는 것은 자연스러운 경향입니다. 그리고 그 방법은 상대방에게 이렇게 보여 주는 것이지요. "너 없어도 잘 먹고 잘 살 수 있어." 이는 다음과 같은 말을 우회적으로 하는 것입니다. "난 네가 필요치 않아." 하지만 이러면 진정한 사랑이 아니지요. 많은 사람이 이러한 실수를 저지릅니다. 저 또한 마찬가지였지요.

하지만 우리는 배웁니다. 사실 고통받을 때야말로 상대방이 정말 필요합니다. 이는 그 관계의 시작점에서 우리가 했던 약속이지요. 당신은 그 약속에 진실되고 충실해야 합니다. 고통받을 때, 당신은 상대방에게 자신이 고통받고 있음을 말하고 도움이 필요하다고 고백해야 합니다. 하지만 대개 그 반대로 행동하는 경향이 있지요. 상대방이 필요 없는 척 보여 주길 원합니다. 도움을 구하는 대신 방에 틀어박혀 우는 것을 선호합니다. 자존심 때문입니다. 하지만 사랑에 자존심이 낄 자리란 없습니다. 이것이 네 번째 진언이 필요한 이유입니다. "자기야, 나 고통스러워. 제발 도와줘."

정말 간단하지만, 동시에 정말 어렵지요. 하지만 이 진언을 외우는 순간, 즉시 고통이 줄어듭니다. 제가 장담하지요.

상대방이 뭔가 잘못되었음을 눈치채고 묻습니다. "자기야, 무슨 고민 있어?" 그리고 당신을 편안하게 해 주려 애씁니다. 그럼 문득 이렇게 반응하고픈 충동이 생기지요. "고민? 나한테 무슨 고민이 있겠어?" 하지만 그건 사실이 아니지요. 당신은 깊은 고통 속에 있습니다. 그녀가 가까이 다가와 어깨에 손을 올리면, 이렇게 말하고 싶을 수도 있습니다. "날 그냥 내버려둬." 많은 사람들이 이런 실수를 저지릅니다.

네 번째 진언 연습은 그 반대입니다. 우선 자신이 고통받고 있음을 명확히 인식합니다. "자기야, 나 힘들어. 당신이 알아주면 좋겠네. 도와줘." 사실 이 말의 원본은 살짝 더 깁니다. "자기야, 나 힘들어. 당신이 내게 왜 그런 말을 했는지 이해가 되질 않아. 당신이 내게 왜 그런 행동을 했는지 이해를 못하겠어. 그 때문에 고통스러워. 제발 설명을 좀 부탁해. 당신의 도움이 필요해." 이것이 진정한 사랑입니다. 하지만 이렇게 말을 하곤 합니다. "나 지금 괴로워. 하지만 네 도움 따윈 필요 없어." 이건 진정한 사랑이라 할 수 없지요.

이 진언을 명함 크기의 종이에 써서 지갑에 넣고 다니세요. 다음번에 당신의 고통이 상대방 때문이라 믿을 때, 종이를 꺼내 읽으세요. 그럼 어떻게 행동해야 할지 정확히 알 수 있을 것입니다.

이 연습에 의하면, 당신에게는 스물네 시간 동안 고통스러울 권리가 있습니다. 그 이상은 안 됩니다. 그게 한계선입니다. 그 시간이 되기 전에 네 번째 진언을 수행하십시오. 상대방에게 직접 갈 수 없다면, 전화로, 이메일로 하세요. 그것도 아니면 종이에 적어서 책상 위에 올려놓거나 어딘가 보이는 곳에 두세요. 확신하건대 말을 전하거나, 내용을 적을 수 있게 된 그 순간, 바로 고통이 줄어들 것입니다.

이 진언은 세 부분으로 나눌 수 있습니다. 첫 번째 부분은 "자기야, 나 힘들어. 당신이 알아주었으면 해." 이 부분은 나눔입니다. 행복이든 고통이든 나눕니다. "당신이 왜 그런 말을 했는지, 왜 그런 행동을 했는지 설명해 줘. 나 힘들어."

두 번째 부분은, "난 지금 최선을 다하고 있어."입니다. 이 말뜻은, 본인이 마음챙김 수행자로서, 화가 났을 때 자신과 상대방에게 해를 입힐 어떤 말이나 행동도 하지 않는다는 얘기지요. 나는 마음챙김 호흡을, 마음챙김 걷기를, 나의 고통을 깊이 들여다보기를 수행한다. 그렇게 내 고통의 뿌리를 찾아내기 위해. 나는 당신이 나의 고통을 유발했다고 믿는다. 하지만 나는 수행자이기에, 그 믿음을 너무 확신하면 안 됨을 안다. 너무 내 입장에서만 바라봐 내 고통에 대해 틀린 판단을 했는지 살펴보는 중이다. 어쩌면 그렇게 말하고 행동한 당신에게 그런 의도가 없었을는지도 모른다. 나는 수행자이기에, 최선을 다해 깊이 바라봐 분노를 자각하고 그것을 달래려 노력한다. 이런 의미지요.

"난 지금 최선을 다하고 있어."는 일종의 기억해 내기 위한 메모입니다. 동시에 상대방도 똑같이 하기를 권하는 초대장이지요. 상대가 메시지를 받으면 이런 생각을 할는지 모릅니다. "저런, 난 그가 고통받고 있는지 몰랐어. 내가 무슨 짓을 했던 거람. 내가 무슨 말을 해서 그런 고통을 준 것일까?" 그럼 두 사람 다 깊이 살피게 됩니다. 한쪽이 원인을 발견하면, 당장 상대에게 연락하여 자신의 부주의함에 대해 사과합니다. 그럼 고통은 더 이상 지속될 수 없겠지요. 두 번째 문장은 자신과 상대방 모두에게 지금 일이 어떻게 흘러가는지 자각하고 깊이 살펴 고통의 진짜 원인을 볼 수 있도록 초대합니다.

세 번째 문장입니다. "제발 도와줘." 이 부분이 약간 어려울 수 있습니다만, 매우 중요한 부분입니다. 용기가 필요하지요. 우리가 서로 사랑할 때, 서로를 필요로 합니다. 특히 고통스러울 때 더욱 그렇지요. 당신의 고통이 곧 그녀의 고통입니다. 그녀의 행복이 곧 당신의 행복이지요. 상황을 깊이 살피면, 어떻게 하면 화해할지, 어떻게 조화로운 관계를 재정립할지 통찰을 얻을 수 있습니다.

세 문장을 합치면 "나는 힘들다. 그것을 알아주었으면 한다. 나는 최선을 다하고 있다. 도와 달라."가 됩니다. 종이에 적어 지갑에 넣고 다니면, 필요한 상황에서 어떻게 행동해야 할지 생각날 것입니다.

다섯 번째 진언

다섯 번째 진언입니다, "행복한 순간입니다." 이것은 자기암시나 기대하는 생각이 아닙니다. 충분히 마음챙김해서 눈치챌 여력만 있다면 행복할 이유는 정말 많지요. 이 진언은 자신과 상대방 모두가 지금 여기서 얼마나 많은 행복할 이유를 갖는지, 그래서 얼마나 행운인지 상기시킵니다. 그와 함께 앉아, 그녀와 함께 걸으며, 이 다섯 번째 진언을 선언하고 싶어질 수 있습니다. 이 많은 행복할 이유를 갖는 행운에 감사하며 말이지요. 그 모든 것들을 즐기지 않는다면, 어리석은 짓입니다. 이 순간이 행복한 순간임을 알아차리는 것은 마음챙김에 달려 있습니다. 그 많은 지금 여기서 행복할 이유를 깨닫는 것은 오직 마음챙김을 통해서 가능합니다. 당신과 상대가 행복할 이유는 사실 충분함 그 이상이지요. 그러니 함께 앉을 때, 함께 걸을 때, 함께 시간을 보낼 기회가 있을 때, 마음챙김 호흡을 하고 얼마나 행운인지 알아차리세요. 이 순간을 행복한 순간, 멋진 순간으로 만드는 것이 마음챙김입니다. 수행자는 일종의 예술가입니다. 수행을 통해 지금 여기로 행복을 가져오는 법을 압니다.

여섯 번째 진언

여섯 번째 진언은 콤플렉스로 인한 고통을 다루는 데 안성맞춤입니다. 우리가 남들과 동등하다고, 더 못하다고, 더 낫다고 생각하는 모든 상태 말입니다.

누군가 당신을 칭찬할 때, 또는 당신을 비판할 때, 여섯 번째 진언을 씁니다. "자기야, 반은 맞네." 이는 이런 의미지요, "당신의 비판 또는 칭찬은 오직 부분적으로만 옳아. 내 안에는 약점과 강점이 공존하기 때문이지. 당신이 칭찬할 때, 나는 내면의 부정적인 것들을 무시하고 잊지 않도록 조심해야 해."

다른 사람의 내면에서 뭔가 아름다운 것을 볼 때, 우리는 그리 아름답지 못한 다른 것들은 무시하는 경향이 있습니다. 인간으로서 우리는 긍정적인 자질과 부정적인 자질을 함께 갖고 있습니다. 그러므로 사랑하는 이가 당신을 칭찬할 때, 당신이 완벽 그 자체라고 말할 때, 이렇게 말할 수 있습니다. "자기야 그건 반만 맞는 얘기야. 나한테 다른 면도 있는 걸 당신도 알고 있잖아." 그렇게 겸손을 유지합니다. 당신은 자기-망상의 희생양이 아닙니다. 자신이 완벽하지 않음을 잘 알기 때문입니다. 상대방이 당신을 비판할 때, 가진 게 없다고 놀릴 때, 무가치한 사람이라 얘기할 때, 똑같이 말할 수 있습니다. "자기야, 그건 반만 맞는 얘기야. 내게는 좋은 점도 많다고."

셋

강렬한 감정 속에서 현존하기

고통스러운 감정이 올라오면, 하던 일이 무엇이든 멈추고 감정을 돌보세요. 그 순간 일어나는 일에 주의를 집중합니다. 연습은 단순합니다. 누워서, 양손을 배 위에 올리고, 숨쉬기 시작합니다. 방석이나 의자에 앉아도 됩니다. 생각을 멈추고, 마음을 배꼽 높이까지 낮춥니다.

폭풍 속에서 한 그루 나무를 볼 때, 주의를 나무 꼭대기에 두면 바람 속에 거칠게 날리는 잎사귀와 가지들이 보일 테고 그럼 그 나무가 너무나 취약해서 언제라도 부러질 듯 보입니다. 하지만 주의를 나무 몸통으로 향하면, 움직임이 그리 많지 않지요. 나무가 얼마나 안정적인지 보입니다. 대지에 깊이 뿌리박혀 충분히 폭풍우에 맞설 수 있음을 알게 됩니다. 폭풍 같은 격렬한 감정을 경험할 때, 마음은 안절부절 마치 나무 꼭대기 같지요. 마음을 아래로 가져가 배에 두고, 그것이 오르내리는 움직임에 모든 주의를 집중해야 합니다.

들이쉬며, 자신의 배가 불룩해지는 것을 알아차립니다. 내쉬며, 배가 홀쭉해짐을 알아차리지요. 깊이 호흡하며 주의를 오직 들숨과 날숨에 둡니다. 알아 두어야 할 것이 있다면, 감정은 단지 감정일 뿐이라는 사실입니다. 육체와 감정, 인지와 정신적 형성, 그리고 의식까지 모든 것이 어우러져 당신입니다. 당신이라는 존재의 영역은 광대하지요. 그에 비해 한낱 감정이라니, 미미할 뿐입니다. 감정은 와서 잠시 머무르다 결국 사라질 뿐입니다. 특정 감정이 머무르는 시간 동안 이런 통찰을 갖는다면, 그것이 당신을 구원할 것입니다. 겨우 감정 하나로 죽을 필요까진 없습니다.

격렬한 감정이 올라오고 그때서야 교훈을 얻으려 하면 안 됩니다. 그때는 너무 늦었을 수도 있습니다. 그 감정이 당신을 날려 버릴 테니까요. 대신 지금 배울 수 있습니다. 그럼, 내일이나 모레쯤 격렬한 감정이 올라왔을 때, 자신 있게 그것을 다루겠지요.

넷

종소리 초대하기

종소리를 초대하는 것은 행복을 자신의 육체로 불러들여 거기 뿌리
내리게 하는 것입니다. 종소리를 들을 때마다, 마음챙김 속에 호흡하
고, 몸을 진정시키며, 행복을 알아차릴 기회를 갖습니다. 몸안에 모든
세포들을 초대하여 함께 종소리를 듣고 그것이 세포 하나하나로 스
며들도록 허용합니다. 깊이 듣노라면, 우리의 선조들이 몸속 모든 세
포에 완전히 현존함을 압니다. 이런 방식으로 선조들과 그 자리에서
함께 듣습니다. 들으며 평화롭고 즐거울 수 있다면, 선조들도 동시에
평화와 기쁨을 경험할 것입니다. 종소리 듣기에 모든 선조들을 초대
하는 것이 가능하지요.

자비(METTA, 자애)

자비(Metta, 자애) 명상은 이해와 사랑, 그리고 연민을 기르는 수행입니다. 이는 깊이 들여다보기를 통해 가능하며, 첫째로 우리 자신을 위해, 그다음 타인을 위해 합니다. 스스로를 사랑하고 돌볼 수 있게 되면, 타인에게 훨씬 더 도움을 줄 수 있습니다. 자비 명상은 일부만 또는 전체로도 가능합니다. 자비 명상의 한 구절만 말해도 이미 세상에 더 많은 연민과 치유를 가져온 것입니다.

사랑이란, 다른 무엇보다도 우선, 자신을 있는 그대로 받아들이는 것입니다. 이 사랑의 명상에서 "너 자신을 알라(Know thyself)."가 첫 번째 연습이 되는 이유가 여기 있습니다. 이 수행을 할 때, 우리는 자신이 지금 같은 모습인 이유와 조건을 봅니다. 이는 스스로를 받아들이기 손쉽게끔 만들어 줍니다. 그것이 고통스럽든 행복하든 모두 말이지요.

자비란 빨리어로 자애로움입니다. 우리는 이것을 다음과 같은 염원으로 시작합니다. "… 이러이러 하기를(May I be…)" 그러고는 염원의 단계를 상승시키며 대상의 모든 긍정적이거나 부정적인 특징들을 깊이 들여다봅니다. 시작은 우리 자신이 대상이겠지요. 기꺼이 사랑하고자 하는 마음은 아직 사랑이 아닙니다. 자신의 모든 것을 빠짐없이 깊이 봅니다. 이해를 위함입니다. 단순히 단어를 반복하거나, 누군가를 모방하거나, 어떤 이상을 좇지 않습니다. 사랑의 명상은 자기암시가 아닙니다. "나는 내 자신을 사랑해. 나는 모든 존재를 사랑해."라고 단순히 그냥 말하지 않습니다. 자신의 육체, 감정, 인지, 정신적 형성, 그리고 의식에 이르기까지 철저히 깊이 들여다볼 때, 불과 몇 주 후면 사랑하고자 하는 우리의 염원이 어떤 심오한 의도로 변합니다. 사랑이 자신의 생각, 말, 그리고 행동에 스며들어, 자신이 "영과 육이 밝고 평화롭고 행복한 존재", "어떤 상처로부터도 안전하고 자유로운 존재. 분노, 고통, 두려움, 그리고 불안으로부터 자유로운 존재"가 됨을 알아차립니다.

수행을 하며, 우리는 자신이 얼마나 많은 평화, 행복, 빛을 이미 가진 존재인지 목격합니다. 동시에 어떤 사고나 불운에 안절부절하고 있지는 않은지, 그리고 자신의 내면에 얼마나 많은 분노, 짜증, 두려움, 불안, 또는 근심을 가지고 있는지 눈치챕니다. 자신의 감정을 쉽게 알아차리게 됨에 따라, 자기-이해가 깊어집니다. 평화의 부재, 그리고 두려움이 자신의 행복하지 못함에 어떻게 기여하고 있는지 목격합니다. 자신을 사랑하고 연민 어린 가슴을 기르는 것이 얼마나 가치 있는지 보게 되지요.

이 사랑의 명상에서, "분노, 고통, 두려움, 그리고 불안"은 우리 내면에 상주하며 평화와 행복을 강탈해 가는 모든 온전치 못함, 마음의 부정적 상태와 연관이 됩니다. 분노, 두려움, 불안, 갈망, 탐욕, 무지는 우리 시대의 거대한 고통의 원인입니다. 마음챙김의 삶을 통해, 우리는 그것들을 다룰 수 있게 되고, 우리의 사랑은 적절한 행동으로 표현될 것입니다.

이 사랑의 명상은 붓다고사(buddhaghosa)가 편찬한 『청정도론(Visuddhimagga)』에서 차용한 것입니다. 이 문헌은 기원후 5세기경에 붓다의 가르침을 편집한 것입니다.

명상을 위해서는 우선 고요히 앉고, 몸과 호흡을 진정시킵니다. 그리고 시구들을 읊습니다. 이 수행에는 앉는 자세가 딱 좋습니다. 고요히 앉으면, 다른 문제들에 끌리지 않습니다. 그럼 있는 그대로의 자신을 깊이 바라볼 수 있고, 자신을 위한 사랑을 함양하고, 세상에 이 사랑을 표현할 가장 좋은 방법을 결정할 수 있습니다.

나의 영과 육이 밝고, 평화롭고, 행복하기를.

그녀의 영과 육이 밝고, 평화롭고, 행복하기를.

그의 영과 육이 밝고, 평화롭고, 행복하기를.

그들의 영과 육이 밝고, 평화롭고, 행복하기를.

어떤 상처로부터도 안전하고 자유로운 나이기를.

어떤 상처로부터도 안전하고 자유로운 그녀이기를.

어떤 상처로부터도 안전하고 자유로운 그이기를.

어떤 상처로부터도 안전하고 자유로운 그들이기를.

분노, 고통, 두려움, 불안으로부터 자유로운 나이기를.

분노, 고통, 두려움, 불안으로부터 자유로운 그녀이기를.

분노, 고통, 두려움, 불안으로부터 자유로운 그이기를.

분노, 고통, 두려움, 불안으로부터 자유로운 그들이기를.

자신("나")으로부터 사랑의 명상을 시작합니다. 스스로를 사랑하고
돌볼 수 없으면, 다른 사람들에게 그리 도움이 되지 못합니다. 그런

후에, 타인("그/그녀", "그들")에 대해 수행합니다. – 처음엔 자신이 좋아하는 누군가로부터 시작해서, 다음은 자신과 중립적인 사람, 그다음은 자신이 사랑하는 사람, 마지막으로 떠올리는 것만으로도 고통을 야기하는 누군가로 옮깁니다.

붓다의 말씀에 따르면, 인간은 다섯 가지 요소로 만들어졌다 하며, 이를 **오온**(五蘊, skandhas)이라고 부릅니다. 그것들은 형태(몸), 감정, 인지, 정신적 형성, 그리고 의식입니다. 어떤 의미로, 당신은 측량사입니다. 그리고 이들 요소가 당신이 조사해야 할 영역이지요. 자신의 내면에서 벌어지는 진짜 상황을 알기 위해서, 담당하는 영역을 알아야만 하지요. 때로 내면의 여러 요소가 서로 간에 전쟁을 벌이고 있는 경우도 있습니다. 내면에 조화와 치유, 화해를 도모하려면 자신을 이해해야만 합니다. 깊이 보고 경청하여, 자신의 영역을 조사하는 것이 사랑 명상의 시작점입니다.

수행은 자신의 육체를 깊이 살피는 것에서 시작합니다. 묻습니다. 이 순간 나의 몸은 어떤 상태인가? 과거에 나의 몸은 어떠했는가? 미래에는 어떻게 되겠는가? 그다음 당신이 좋아하는 사람, 관계가 중립적인 사람, 사랑하는 사람, 증오하는 사람 순서로 명상의 대상을 옮겨갈 때, 마찬가지로 우선 대상의 육체적인 면을 살피는 것으로 시작합니다. 숨을 들이마시고 내쉬며, 그의 얼굴을 떠올립니다. 그가 건는 방식, 앉는 방식, 말하는 방식. 그의 심장, 폐, 콩팥, 기타 그의 몸속 모든 장기까지, 필요한 만큼 여러 번, 세밀하게 떠올려 봅니다. 하지만 언제나 시작은 자기 자신입니다. 자신의 오온을 명료하게 볼 때, 이해와 사랑이 자연스럽게 솟아나며, 자신을 보살피는 데 무엇을 해야 하고 무엇은 하지 말아야 하는지 압니다.

몸을 들여다보며 그것이 평화로운지 병으로 고통받고 있는지 봅니다. 폐, 심장, 소장, 콩팥, 간의 상태를 살피고 자신의 몸이 정말로 필요로 하는 것이 무엇인지 보세요. 그렇게 할 때, 먹고, 마시고, 행동함에 자신의 육체에 대한 사랑과 연민이 드러납니다. 사람들은 대개 각인된 습관을 따릅니다. 하지만 깊이 들여다보면, 이들 습관 중 많은 것들이 몸과 마음에 해를 끼침을 압니다. 그럼 건강과 활력에 좋은 방향으로 자신의 습관을 자연스럽게 고칩니다.

다음으로, 감정을 살핍니다. - 즐거운지, 불쾌한지, 중립적인지. 감정은 내면에서 강물처럼 흐릅니다. 그리고 개별 감정들이 강물 한 방울 한 방울이지요. 감정의 강물을 들여다보고 각각의 감정 방울들이 어떻게 연유되어 왔는지 살핍니다. 무엇이 자신의 행복을 방해하는지 살피고, 최선을 다해 그것들을 변용시킵니다. 이미 세상과 자신 안에 존재하는 경이롭고, 신선하고, 위로가 되는 요소들과 함께하는 연습을 합니다. 그렇게 하면, 점점 좋아지고 강해져 자신과 타인을 사랑할 수 있습니다.

　이제 인지에 대해 명상합니다. 붓다께서 명확히 보고 밝히셨지요. "세상에서 가장 고통받는 사람은 많은 잘못된 인지를 갖고 있는 사람이다. 우리의 인지 중 대부분은 오류이다." 어둠 속에서 뱀을 보고 겁에 질렸지만, 친구가 거기 손전등을 비추자 그것이 고작 밧줄입니다. 어떤 틀린 인지가 자신에게 고통을 주는지 알아야만 합니다. 다음 문장을 종이에 아름답게 써 보시길 바랍니다. "확실한가?" 그리고 벽에 붙이세요. 사랑 명상은 명료하고 평온하게 보는 법을 배우는 데 좋습니다. 이는 좀 더 올바른 인지능력을 만듭니다.

　다음, 정신적 형성을 관찰합니다. 자신만의 독특한 언행이 나타나게끔 이끄는 내면의 개념과 경향성을 말합니다. 정신적 형성의 진정한 본성을 발견하기 위해 깊이 살피는 연습을 하십시오. — 자신의 개인적 의식에, 또한 가족, 조상들, 그리고 사회의 집단의식에 어떻게 영향을 받았는지 살피는 것입니다. 건전치 못한 정신적 형성들은 정말 많은 소동을 일으킵니다. 건전한 정신적 형성은 사랑, 행복, 자유를 가져오지요.

　마지막으로, 의식을 살핍니다. 불교에서는, 의식이 마치 가능한 모든 종류의 씨앗이 심어진 밭과 같다고 말합니다. 사랑, 연민, 기쁨, 평정의 씨앗. 분노, 두려움, 불안의 씨앗. 그리고 마음챙김의 씨앗. 의식은 이들 모든 씨앗을 담고 있는 저장소입니다. 마음에 어떤 것이든 나타나게 만드는 모든 가능성의 저장소이지요. 마음이 평온하지 않을 때, 그것이 의식이라는 저장소에 있는 어떤 욕망과 감정 때문일 수도 있습니다. 평화로운 삶을 위해, 자신의 경향성 – 습관 에너지 – 을 자각할 필요가 있습니다. 그럼 일종의 자기-통제를 연습할 수 있지요. 이것은 일종의 예방적 건강 관리입니다. 감정들의 뿌리를 찾기 위해 깊이 살피고, 어떤 감정에 변용이 필요한지 보고, 평화, 기쁨, 풍요를 가져오는 감정들을 양육합니다.

아래 소개하는 염원들로 계속할 수 있습니다. 우선 자신을 위해, 그다음 타인을 위해.

이해와 사랑의 눈으로 나 자신을 볼 수 있기를.

이해와 사랑의 눈으로 그녀를 볼 수 있기를.

이해와 사랑의 눈으로 그를 볼 수 있기를.

이해와 사랑의 눈으로 그들을 볼 수 있기를.

내 안에서 기쁨과 행복의 씨앗을 알아차려 길러 낼 수 있기를.

그녀의 내면에서 기쁨과 행복의 씨앗을 알아차려 길러 낼 수 있기를.

그의 내면에서 기쁨과 행복의 씨앗을 알아차려 길러 낼 수 있기를.

그들의 내면에서 기쁨과 행복의 씨앗을 알아차려 길러 낼 수 있기를.

내 안의 분노, 갈망, 망상의 근원을 보고 파악할 수 있기를.

그녀 내면의 분노, 갈망, 망상의 근원을 보고 파악할 수 있기를.

그의 내면의 분노, 갈망, 망상의 근원을 보고 파악할 수 있기를.

그들 내면의 분노, 갈망, 망상의 근원을 보고 파악할 수 있기를.

"이해와 사랑의 눈으로 나 자신을 볼 수 있기를." 어느 날 플럼 빌리지에서 사랑 명상을 수행하던 중 한 젊은 여성이 저에게 말했습니다. "제 남자친구를 대상으로 명상하니, 그에 대한 사랑이 오히려 줄어드는 느낌이었습니다. 그리고 제가 제일 싫어하는 사람에 대해 명상을 했더니, 갑자기 저 자신이 미워졌습니다." 명상을 하기 전, 그녀는 자신의 남자친구를 너무나 열정적으로 사랑한 나머지 그의 단점들은 전혀 보지 않았습니다. 수행을 진행하며, 그녀는 남자친구를 점점 더 명료하게 보기 시작했고, 자신이 상상하던 것처럼 남자친구가 완벽하지는 않다는 걸 깨달았지요. 그녀는 더 많은 이해가 포함된 방식으로 사랑하기 시작했습니다. 그렇게 사랑이 더 깊고 더 건강해졌습니다.

또한 그녀는 자신이 가장 싫어하던 사람에게서 신선한 통찰을 얻을 수 있었지요. 그가 그럴 수밖에 없었던 몇몇 이유가 보이기 시작했습니다. 또한 자신이 그를 매몰차게 대함으로써 얼마나 많은 고통을 주었는지도 보게 되었지요.

다시 한번, 자신의 진정한 본성을 이해하기 위해 나로부터 시작해 봅시다. 스스로를 거부하고 자기 몸과 마음에 해로운 짓을 계속하는 한, 타인을 사랑하고 수용함을 얘기해 봤자 아무런 소용이 없습니다. 마음챙김을 통해 우리는 자신의 습관적인 생각 방식과 그 내용물을 알아차릴 수 있습니다. 마음속 신경회로에 마음챙김의 빛을 비추어 그것들을 명료하게 볼 수 있습니다.

뭔가를 보거나 들을 때, 우리의 주의(attention)는 적절할 수도 부적절할 수도 있습니다. 마음챙김을 통해 주의가 어느 쪽인지 알아차리고 부적절한 주의는 놓아주고 적절한 주의는 더욱 키울 수 있습니다. 적절한 정신적 주의, 산스크리트어로 **요니소 마나스카라**(yoniso manaskara)는 행복, 평화, 명료함, 사랑을 가져옵니다. 부적절한 주의, **아요니소 마나스카라**(ayoniso manaskara)는 마음을 슬픔, 분노, 편견으로 채우지요. 마음챙김이 적절한 주의를 연습하고 평화, 기쁨, 그리고 해방의 씨앗에 물을 줄 수 있도록 돕습니다.

다음으로, 마음챙김을 이용해 자신의 언사를 돌이켜봅니다. 그럼 자신과 타인을 위해 자애로운 언어를 쓰고 충돌을 야기할 만한 애기가 입 밖에 나오기 전에 멈출 수 있습니다. 이제 자신의 행동을 살핍니다. 마음챙김은 자신이 어떻게 앉고, 서고, 걷고, 웃고, 찡그리는지, 그리고 다른 사람을 어떻게 쳐다보는지 조명합니다. 어떤 행동이 유익하고 어떤 행동이 해로운지 알아차립니다.

자신과 타인에 대한 이해는 사랑과 수용의 문을 여는 열쇠입니다.

"내 안에서 기쁨과 행복의 씨앗을 알아차려 길러 낼 수 있기를." 마음의 토양에는 많은 씨앗이 들어 있습니다. 긍정적이거나 혹은 부정적이지요. 우리는 최고의 씨앗을 알아보고, 물주고, 길러 내는 정원사들입니다. 자신과 상대방 내면의 기쁨, 평화, 자유, 견실함, 사랑을 길러 내는 일은 우리가 건강하고 행복한 방향으로 성장하는 데 도움을 주는 중요한 수행이지요.

"내 안의 분노, 갈망, 망상의 근원을 보고 파악할 수 있기를." 깊이 살펴 이것들이 어떻게 나오게 되었는지, 그 뿌리는 무엇인지, 거기 얼마나 있었는지 봅니다. 우리가 매일같이 마음챙김 수련을 하는 이유는 내면에 존재하는 갈망, 분노, 망상, 거만함, 그리고 의심 같은 맹독을 눈치채기 위한 것입니다. 그것들이 자신과 타인에게 얼마나 많은 고통을 유발하는지 살펴 알 수 있습니다.

우리는 자신의 분노에 통달할 필요가 있습니다. 그런 후에라야 다른 이들이 똑같이 하는 것을 도울 수 있지요. 상대방과의 논쟁은 자기 내면 분노의 씨앗에 물을 줄 뿐입니다. 분노가 일어나면, 자기 자신으로 돌아와서는 마음챙김의 에너지를 사용해 그것을 안아 주고, 경감시키고, 깨우쳐 주세요. 비난을 퍼부어 타인을 고통스럽게 만들면 기분이 나아질 거라 생각하지 마세요. 상대방이 한층 더 매몰차게 반응하고 분노는 더욱 치솟을는지도 모릅니다. 붓다께서는, 분노가 일어나면 눈과 귀를 닫고, 자기 자신으로 되돌아와, 내면에서 분노의 근원을 살피라 가르치셨습니다. 분노의 변용은 개인적 해방만을 위한 것이 아닙니다. 그것은 주위의 모든 사람, 심지어 더 먼 곳에 있는 이들에게도 이롭습니다.

자신의 분노를 깊이 살피십시오. 마치 어린 자녀를 바라보듯 말이지요. 그것을 거부하거나 미워하지 않습니다. 명상이란 당신을 서로 간에 대립하는 전쟁터로 내보내는 것이 아닙니다. 의식적인 호흡은 분노를 완화, 진정시키고, 마음챙김은 그것에 스며들지요. 분노는 단지 에너지일 뿐이고, 모든 에너지는 변용이 가능합니다. 명상이란 어떤 에너지를 또 다른 종류의 에너지로 변환시키는 기술입니다.

내 안 기쁨의 씨앗을 매일같이 키울 방법을 알 수 있기를.

그녀 내면에서 기쁨의 씨앗을 매일같이 키울 방법을 알 수 있기를.

그의 내면에서 기쁨의 씨앗을 매일같이 키울 방법을 알 수 있기를.

그들의 내면에서 기쁨의 씨앗을 매일같이 키울 방법을 알 수 있기를.

내가 신선하고, 견실하며, 자유롭게 살 수 있기를.

그녀가 신선하고, 견실하며, 자유롭게 살 수 있기를.

그가 신선하고, 견실하며, 자유롭게 살 수 있기를.

그들이 신선하고, 견실하며, 자유롭게 살 수 있기를.

집착과 혐오 양쪽으로부터 자유롭지만,

결코 무심하지 않은 나이기를.

집착과 혐오 양쪽으로부터 자유롭지만,

결코 무심하지 않은 그녀이기를.

집착과 혐오 양쪽으로부터 자유롭지만,

결코 무심하지 않은 그이기를.

집착과 혐오 양쪽으로부터 자유롭지만,

결코 무심하지 않은 들이기를.

이들 염원은 의식 속에 깊이 놓여 있는 기쁨과 행복의 씨앗들에 물을 줍니다. 행복을 주는 것들에 대한 우리의 관념은 단지 덫에 불과합니다. 그것들이 개념에 불과하다는 사실을 우리는 잊었지요. 행복에 대한 자신의 개념과 정의가 오히려 행복해지는 것을 방해할 수 있습니다. 행복이 어떤 특정 형태를 가져야만 한다고 믿으면, 지금 바로 눈앞에 있는 기쁨의 기회들을 보지 못합니다.

행복은 개인적인 문제가 아닙니다. 그것 역시 상호의존적인 성질을 갖지요. 한 친구를 웃게 만들 수 있다면, 그녀의 행복이 당신까지 풍요롭게 만듭니다. 당신이 평화, 기쁨, 그리고 행복을 기르는 방법을 찾았다면, 그것은 모든 이를 위한 일이 됩니다. 기쁨의 감정으로 우선 자신을 풍요롭게 채우는 것에서 시작하십시오. 밖으로 나가 신선한 공기, 나무들, 밤하늘의 별들을 즐기며, 걷기 명상을 하세요. 여러분들은 자신을 풍요롭게 채우기 위해 무엇을 합니까? 친한 친구들과 이 주제에 대해 토론하세요. 이는 중요합니다. 기쁨과 행복을 함양하기에 어떤 방법이 적절할지 얘기를 나누어 보세요. 이에 성공하면, 자신의 고통, 슬픔, 그리고 아픈 정신적 형성들은 변용되기 시작합니다.

"내가 신선하고, 견실하며, 자유롭게 살 수 있기를." '신선함'은 베트남어로 '시원한, 열이 없는'에 해당하는 단어를 의역한 것입니다. 질투, 분노, 그리고 갈망은 일종의 열입니다. '견실함'은 안정성을 의미합니다. 견실하지 않으면 많이 성취해 낼 수 없습니다. 자신의 목표가 있는 방향으로 매일같이 견실하게 몇 걸음 내딛는 것이 필요한 전부입니다. 헤맴 없이 자신의 길을 가기 위해, 당신은 매일 아침 다시 한번 자신을 바칩니다. 밤이 되어 자기 전, 몇 분간 하루를 돌아봅니다. "오늘도 나는 이상을 향해 살았는가?" 원하는 방향으로 두세 걸음 내딛었다 느껴지면, 그것으로 충분히 좋습니다. 만약 그렇지 못하다면, 자신에게 말하세요. "내일은 더 잘할 테야." 자신을 타인과 비교하지 않습니다. 자신이 품은 그 길로 과연 스스로 잘 가고 있는지 살펴보기만 하세요. 견실한 것들에 피난처를 마련합니다. 견실하지 못한 것에 의지하면, 넘어질 수 있으니까요. 비록 예외가 있지만, 수행 공동체에 피난처를 잡는 것은 현명한 행동입니다. 성실하게 수행 중인 공동체 구성원들이 도처에 있습니다.

'자유'는 해로운 욕망의 덫을 초월하고 어떤 집착도 없는 상태를 말합니다. – 어떤 조직, 학벌, 또는 직위에 연연하지 않는 것이지요. 진정으로 자유로워 상황에 따라 필요한 일을 해 낼 수 있는 사람을 우리는 때때로 마주칩니다.

무심함. 우리가 무관심하면, 그 무엇도 흥미롭거나 즐겁지 않고, 그 무엇도 추구할 가치가 없어집니다. 사랑이나 이해를 경험하지 못한 채, 인생에 기쁨이나 의미가 없어집니다. 자연의 아름다움이나 아이들의 웃음소리도 알아차리지 못합니다. 타인의 고통이나 행복도 공감하지 못합니다. 문득 자신이 무심함 속에 갇혀 있다 느껴지면, 친구들에게 도움을 청하세요. 수반되는 그 모든 고통을 감안할지라도,

삶은 수많은 경이로운 것들로 채워져 있습니다.

　"집착과 혐오로부터의 자유." 붓다께서 말씀하신 우리가 길러야 할 사랑은 애착이나 집착이 없는 사랑입니다. 우리 모두는, 나이가 많든 적든, 집착하는 경향이 있습니다. 태어나자마자부터 자기에 대한 집착이 시작됩니다. 건전한 애정 관계에서조차 어느 정도의 애착과 집착은 존재합니다. 하지만 너무 과도하다면, 서로가 고통스럽습니다. 만일 어떤 아버지가 자신의 아들을 '소유'한다고 생각하면, 또는 젊은이가 자기 여자친구에게 제약을 가하려 한다면, 사랑은 감옥이 됩니다. 이는 친구 사이, 사제지간 등등 모든 관계에 있어 진실입니다. 집착은 생명의 흐름을 막아 버립니다. 그리고 마음챙김이 없다면, 집착은 언제나 혐오로 변합니다. 집착과 혐오 모두 고통으로 이어집니다. 깊이 살펴 자신의 사랑에서 본질을 발견하십시오. 자신의 사랑에서 집착, 압제, 그리고 애착이 어느 정도인지 확인하세요. 그러면 얽힌 매듭을 풀어 나갈 수 있습니다. 진정한 사랑의 씨앗들 - 자애, 연민, 기쁨, 평정 - 은 이미 거기 의식 속에 들어 있습니다. 깊이 살피는 수행을 통해, 고통과 집착의 씨앗은 말라 버리고 긍정의 씨앗들이 자랄 것입니다. 우리는 집착과 혐오를 변용시킬 수 있으며 결국 광활하여 모든 것을 품을 수 있는 그런 사랑에 다다르게 됩니다.

깊은 이완

넘어지면 육체적인 아픔을 느낍니다. 슬플 때는 그것을 감정적인 아픔이라 부르지요. 하지만 몸과 마음은 분리될 수 없기에 고통은 일개 감정으로 끝나지 않을 수 있습니다. 우리는 고통을 몸에 잡아 두지요. 깊은 이완 수행은 몸과 마음의 고통을 알아차리고 완화하는 방법입니다.

깊은 이완은 자신의 몸을 관찰하는 것에서 시작합니다. 우선 눈부터 시작할 수 있습니다. "들이쉬며, 나의 눈을 자각한다. 내쉬며, 감사와 사랑을 담아 눈에게 미소 짓지." 그런 다음 의식을 내려 코로, 입으로, 목구멍으로, 계속해서 발가락까지 가져갑니다. 지금 자신의 몸을 훑어보는 중입니다. 엑스레이 대신 마음챙김 광선을 가지고 하는 것이지요. 몸 구석구석, 각각의 부위에 의식을 가져갑니다. "들이쉬며, 나의 심장을 자각한다. 내쉬며 사랑을 담아 심장에게 미소 짓지.", "내 심장은 내가 건강하게 살아가는 데 필수적이다. 그것은 쉬지 않고 일하며 내 몸안 모든 세포에 영양을 공급하지. 나는 심장에게 너무나 감사해. 내게는 잠과 휴식이 필요하지만, 심장은 절대 멈추지 않지. 그럼에도 나는 이제껏 심장에게 상처를 주는 짓들을 해왔어. 술을 너무 많이 마셨어. 담배를 계속 피웠어. 심장에게 친절히 대하지 못했지." 호흡하며 자신의 심장을 마음챙김으로 안아 줄 때, 이런 것들을 알 수 있습니다. 이런 종류의 통찰이 변용과 치유를 가능케 하지요. 당신은 자신의 심장을 친절하게 대하려면 무엇을 소비해야 하고, 또 무엇을 소비하지 말아야 하는지 정확히 압니다. 이는 자기 행복의 조건에 필수적이지요. 이런 식으로 모든 장기, 모든 부위를 전부 훑습니다. 이것은 몸안의 또 다른 몸에 관한 묵상입니다.

불교에는 자신의 몸에 대해 명상하는 법을 가르치는 기본 교재가 있습니다. 『몸에 마음챙기는 경(念身經, Kayagatasati Sutta)』입니다. 몸은 중요한 명상 대상입니다. 그것은 우주, 신의 왕국, 붓다의 정토, 그리고 우리의 유전적 영적 선조들을 포함합니다. 몸에 대한 명상을 통해, 우리는 이 모든 것들과 교감하며 자신은 물론 주위 사람들의 행복과 풍요까지 증진합니다.

다섯 가지 마음챙김 연습

다섯 가지 마음챙김 연습은 행복을 증진하고 병적인 상태를 변용하는 일상을 위한 지침서입니다. 다섯 가지 마음챙김 연습은 치유의 힘을 갖는 사고방식과 행동양식이기도 합니다. 수행을 향한 의도와 열망을 늘 새롭게 하기 위해, 매일 또는 한 달에 한 번, 홀로 또는 여럿이 모여 그것을 암송할 수 있지요.

첫 번째 마음챙김 연습 : 생명을 향한 숭배

생명의 파괴로 인한 고통을 잘 알기에, 사람, 동물, 식물, 그리고 광물에 이르기까지 총망라된 생명을 지키는 방법을 배우고, 만물이 상호

의존적 존재임을 깨닫는 통찰과 연민을 기르는 데 헌신하겠습니다. 살아가면서, 심지어 생각으로조차 제 손으로 살생하지 않고, 누군가를 죽도록 내버려두지도 않으며, 세상에서 벌어지는 어떤 살상 행위도 지지하지 않겠다고 다짐합니다. 해로운 행위들이 분노, 두려움, 탐욕, 그리고 편협함으로 인한 것임을, 그리고 그 모든 것의 원인은 이원론적인 분별하는 마음에 있음을 분명히 보기에, 열려 있고 분별하지 않으며 집착 없이 바라보는 태도를 기르겠습니다. 그렇게 세상과 나의 내면의 폭력, 광신, 독단을 변용시키겠습니다.

두 번째 마음챙김 연습 : 진정한 행복

착취, 사회적 불의, 절도, 그리고 억압이 고통의 원인임을 알기에, 나의 말과 행동, 그리고 생각에 너그러움을 갖도록 수행에 헌신하겠습니다. 타인의 것이라면 절대 훔치거나 소유하지 않겠습니다. 도움이 필요한 이들에게 나의 시간과 에너지, 물질적 자원을 나누겠습니다. 타인의 행복과 고통이 나 자신의 것과 분리되어 있지 않음을, 진정한 행복은 이해와 연민 없이 불가능함을, 부와 명예, 권력과 감각적 쾌락을 추구하면 많은 고통과 절망을 가져올 수 있음을 깨닫기 위해 깊이 살피는 수행을 하겠습니다. 행복이 나의 정신 자세에 달려 있지 결코 외부 요인에 있지 않음을 명심합니다. 행복할 이유와 조건이 지금 이 순간에도 이미 넘치도록 있음을 기억하며, 매 순간 행복하게 살 수 있습니다. 바른 삶 운동(Right Livelihood, 正命)의 실천에 헌신하여 지구상 모든 생명의 고통을 경감시키고 지구 온난화를 되돌리는 데 앞장서겠습니다.

세 번째 마음챙김 연습 : 진정한 사랑

성적인 비행이 고통의 원인임을 분명히 알기에, 책임감을 기르고 개인과 연인, 가족과 사회의 유지와 안전을 지키는 방법을 배우는 데 헌신하겠습니다. 성욕은 사랑과 같지 않음을 알고, 갈망에 의한 성행위가 언제나 자신과 타인에게 해를 끼침을 알며, 진실한 사랑과 오랜 헌신 없이 성적인 관계를 맺지 않을 것을 결심합니다. 성적 학대로부터 어린이들을 보호하고 성적 비행으로 인해 가족과 연인들이 무너지는 것을 방지하기 위해 힘쓸 것입니다. 몸과 마음이 둘이 아님을 알기에, 나와 타인의 행복을 위해 자애, 연민, 기쁨, 그리고 포괄성 – 이는 진정한 사랑의 네 가지 요소입니다 – 을 기르고 성적 에너지를 잘 다룰 수 있는 방법을 성실히 배우겠습니다. 진정한 사랑을 연습함으로써, 앞으로도 우리가 아름답게 이어질 수 있음을 압니다.

네 번째 마음챙김 연습 : 사랑으로 말하고 깊이 귀 기울이기

타인의 말을 경청하지 못하고 무심하게 말하여 고통이 일어남을 알기에, 사랑으로 말하고 타인의 말을 성의 있게 경청하는 데 힘쓰겠습니다. 이는 나 자신은 물론, 다른 이들, 종교 집단 간, 국가 간에도 화해와 평화를 증진시킬 것입니다. 말이란 고통도 행복도 창조할 수 있음을 알고, 자신감, 기쁨, 그리고 희망을 북돋는 단어를 쓰며, 진실하게 말하겠습니다. 내 안에 분노가 일어날 때, 절대 말로 내뱉지 않을 것입니다. 나의 분노를 알아차리고 깊이 보기 위해 마음챙김 호흡과 걷기를 수행하겠습니다. 분노의 뿌리가 나의 지각적 오류와 고통의 몰이해에 있음을 압니다. 나와 타인에게 고통을 변용시키고 어려운 상황을 벗어날 길이 보이게끔 하는 방식으로 듣고 말하겠습니다. 확실하지 않은 소문을 퍼뜨리지 않으며 분열과 불화를 조장하는 말을 하지 않겠습니다. 바른 행동 운동(Right Diligence, 正精進)을 실천하여 이해, 사랑, 기쁨, 그리고 포괄성의 능력을 기르고, 내 의식 속 깊이 자리한 분노, 폭력, 그리고 두려움을 점차로 변용시키겠습니다.

다섯 번째 마음챙김 연습 : 치유와 보살핌

무심한 소비가 고통을 일으킴을 알기에, 나와 내 가족, 그리고 사회를 위해 마음챙기며 먹고 마시고 소비하는 수행을 통해 육체적인 그리고 정신적인 건강에 힘쓰겠습니다. 네 가지 종류의 영양소(Four Kinds of Nutriments), 이른바 음식, 감각 인상, 의지, 그리고 의식을 내가 어떻게 소비하고 있는지 깊이 살피는 연습을 하겠습니다. 도박, 술, 약물, 그밖에 독이 되는 상품들, 가령 특정 웹사이트, 전자오락, 텔레비전 프로그램, 영화, 잡지, 책, 그리고 대화를 멀리하겠습니다. 후회와 슬픔이 과거로 잡아끌거나 불안과 두려움, 갈망이 미래로 나를 밀어내게끔 허용하지 않고, 나와 내 주위의 신선하며 치유와 보살핌을 주는 요소들을 맛보기 위해 지금 이 순간으로 돌아오는 연습을 하겠습니다. 무심한 소비로 외로움, 불안 같은 고통을 감추려 하지 않겠습니다. 모든 것이 상호의존적임을 묵상하며, 나의 몸과 의식, 그리고 내 가족, 사회, 나아가 지구의 집단적 몸과 의식 안에서 평화, 기쁨, 풍요로움을 보존할 수 있는 방식으로 소비하겠습니다.

걷기 명상

우리는 일상에서 뛰는 습관이 있습니다. 평화, 사랑, 성공 – 언제나 그것들을 향해 뛰고 있습니다 – 을 추구하지만, 그 발걸음은 결국 이 순간으로부터 도망치는 발걸음일 뿐이지요. 그러나 삶은 오직 지금 이 순간에만 가능합니다. 평화는 오직 지금 이 순간에만 가능하지요. 단 한 걸음일지라도 그것을 피난처로 삼으세요. 이제 그만 달리기를 멈추라는 뜻입니다. 늘 뛰는 것에 익숙한 사람들에게, 달리기를 멈추고 주의 깊게 한 걸음 내딛는 것은 일종의 혁명입니다. 제대로 방법을 알고 내딛는 한 걸음으로 자신의 발과 지구가 맞닿은 그 순간, 평화가 찾아옵니다. 지구 위를 걷는 즐거움을 알지 못한 채 하루를 살아간다면 딱하기 그지없습니다.

일반적으로, 들이마시는 숨은 내쉬는 숨보다 조금 짧습니다. 들이쉴 때 두 발자국 걸으며 말합니다. "도착했다, 도착했다." 내쉬며 세 발자국 걸으며 말합니다. "내 집에, 내 집에, 내 집에." "내 집"은 지금 이 순간을 내 집처럼 여기라는 의미입니다. 그곳에서 모든 삶의 경이들을 마주할 수 있으니까요. 우리는 이 아름다운 지구 위를 행복하게 매우 부드럽게 걸을 줄 알아야 합니다. "도착했다, 내 집에."는 선언이 아니라 수행입니다. 지금 여기로 깊이 침잠할 수 있게끔 자신을 허용하십시오. 오직 이 순간에만 삶이 가능하고, 오직 이 순간에만 삶을 맛볼 수 있기 때문입니다. 할 수 있습니다. 할 수 있음을 당신은 압니다.

우리는 그동안 자유와 왕권을 잃어버린 채 살았습니다. 지금 여기로부터 벗어나 자신이 이리 차이고 저리 차이도록 내버려두었지요. 이제 뛰어다니게끔 우리를 압박하는 습관의 에너지에 저항해야 합니다. 자유를 되찾고 왕권을 회복하여 자유인으로서 이 땅 위를 걸어야 합니다. 이 자유는 정치적 자유를 의미하지 않습니다. 이것은 과거로부터의 자유, 미래로부터의 자유, 근심과 두려움으로부터의 자유입니다. 발걸음 하나하나가 우리의 자유를 돕습니다. 저항합시다. 이제 더 이상 휩쓸리도록 놔두지 맙시다. 우리는 자유롭길 원합니다. 자유 없이는 행복도 평화도 불가능함을 알기 때문이지요. 붓다께서는 자유와 견실함이 해탈(nirvana)의 두 가지 특징이라고 말씀하셨지요. 누군가 견실하지도 자유롭지도 않다 상상해 보십시오. 절대 행복할 수 없을 겁니다. 이같이 걷는 것은 자유와 견실함을 기르는 일이며, 거기에는 행복과 풍요로움이 뒤따를 것입니다.

말씀드렸듯, 들이마시는 숨이 내쉬는 숨보다 조금 짧습니다. 걸음을 호흡에 맞춥니다. 다른 식으로는 하지 마십시오. 호흡은 자연스럽게. 절대 강제하지 않습니다. 들이쉬며, 폐가 두 걸음을 원한다면, 그대로 따릅니다. 세 걸음이 더 편하게 느껴진다면 그렇게 합니다. 내쉴 때, 자신의 폐에 귀기울입니다. 내쉴 때 걸음을 더 하고 싶다 느끼면, 그 또한 그렇게 합니다. 모든 발걸음이 즐거워야 하겠지요.

때로 공원에서, 또는 어떤 아름답고 조용한 장소에서 연습하는 것이 도움이 됩니다. 이는 우리의 영혼을 풍성하게 하고 마음챙김을 강화합니다. 느긋하게 걷되, 너무 느려 사람들이 불편하게 느끼지 않도록 합니다. 이는 일종의 보이지 않는 수행입니다. 걸으며 자연과 자신의 평온함을 즐길 수 있습니다. 뭔가 보이면 마음챙김을 유지하며 교감하고 싶을 수 있습니다. – 푸른 하늘, 언덕, 나무, 또는 새들 말이지요. – 그냥 멈춰 서면 되지만, 이때에도 마음챙김 호흡은 놓치지 않습니다.

걸으며, 멈춤을 연습합니다. 걸을 때 멈춤이 가능하면, 다른 일상 활동 중에도 멈춤이 가능해집니다. 가령 주방을 정리하거나 정원에 물을 줄 때, 아침 식사를 할 때 말이지요.

우울증으로 고통받을 때, 멈추는 법을 알지 못하면 우울감이 사라지게 할 수 없습니다. 멈추지 못하는 그런 방식으로 살아왔기에 우울증이 가능해진 것입니다. 줄곧 내달리며, 휴식도, 긴장을 풀 시간도, 일상을 깊이 음미하는 삶도 허락지 않았습니다. 매일 마음챙김 걷기에 시간을 할애해 보세요. 도움이 됩니다. 시간을 잘 조정해 매일 마음챙김 걷기를 할 수 있도록 만들어 보세요. 혼자 걸어도 좋지만, 수행 공동체 사람들과 함께 하는 걷기 명상도 괜찮습니다. 서로 지지해 줄 수 있을 테니까요. 친구에게 함께하자 부탁할 수도 있고, 아이들과 손잡고 걸어도 됩니다.

어느 장소에서든 – 집, 일터, 학교, 병원, 심지어 국회에서도 – 마음챙김 호흡과 걷기 수행을 할 수 있어야 합니다. 수년 전 워싱턴 D.C.에서 국회 사람들의 명상모임을 제안받았습니다. 지금은 캐피탈 힐에서 걷기 명상을 수련하는 법을 배운 국회의원들이 제법 있지요.

버스 정류장까지 걸을 때 또는 이 방에서 저 방으로 옮길 때조차, 걷기 명상의 기회로 삼으세요. 자신의 주위가 소음과 동요로 휩싸여 있을 때조차, 호흡의 리듬에 맞춰 걸을 수 있습니다. 대도시의 소란스러움 속에서도 평화, 행복, 그리고 내면의 미소를 간직한 채 걸을 수 있습니다. 이것은 당신의 삶 일상의 매 순간을 100퍼센트 살아 낸다는 의미이지요. 이는 충분히 가능합니다.

걷기 명상에서 걷기란 오직 걸음을 즐기기 위한 걷기입니다. 어딘가 목적지에 도착하려는 어떤 욕망도 없습니다. 걸음을 걷되 결코 어딘가 도착지는 없는 상태, 그것이 핵심 기술입니다. 그럼 만들어 내는 모든 발걸음을 즐깁니다. 모든 발걸음이 당신을 집으로, 지금 여기로 데려옵니다. 진정한 내 집은 지금 여기입니다. 오직 이 순간, 이 장소, 다시 말해 지금 여기에서만이 삶이 가능하기 때문입니다. 내딛는 모든 발걸음이 당신을 평화로 되돌리고, 이 순간으로 되돌려야 합니다.

임제 선사는 기적이란 물 위를 걷고 허공을 걷는 것이 아니라 이 땅 위를 걷는 것이라 말씀하셨습니다. 바로 그런 식으로 걸을 때 완전한 삶을 살게 되고, 비로소 기쁨과 행복이 가능해집니다. 이는 모든 사람이 해낼 수 있는 기적이지요. 저도 걸을 때마다 그 기적을 해 내고 있습니다. 당신 또한 할 수 있습니다. 마음챙김과 집중, 그리고 통찰을 갖춘다면, 이 땅에 내딛는 모든 발걸음이 기적입니다.

고요히
앉아 있을 수만
있다면

2022년 11월 14일 초판 1쇄 발행
2023년 11월 17일 초판 2쇄 발행

지은이 **틱낫한(Thich Nhat Hanh)** • 옮긴이 김윤종
발행인 **박상근(至弘)** • 편집인 류지호 • 상무이사 김상기 • 편집이사 양동민
편집 김재호, 양민호, 김소영, 최호승, 하다해
디자인 **쿠담디자인** • 제작 김명환 • 마케팅 김대현, 이선호 • 관리 윤정안
콘텐츠국 유권준, 정승채, 김희준
펴낸 곳 **불광출판사** (03169) 서울시 종로구 사직로10길 17 인왕빌딩 301호
    대표전화 02) 420-3200 편집부 02) 420-3300 팩시밀리 02) 420-3400
    출판등록 제300-2009-130호(1979. 10. 10.)

ISBN 979-11-92476-60-5(03220)

값 16,000원